95598
供电服务典型案例

国网浙江省电力有限公司 ◎ 编著

企业管理出版社
ENTERPRISE MANAGEMENT PUBLISHING HOUSE

图书在版编目（CIP）数据

95598供电服务典型案例/国网浙江省电力有限公司编著．－－北京：企业管理出版社，2024.10

ISBN 978-7-5164-2931-0

Ⅰ.①9… Ⅱ.①国… Ⅲ.①供电－工业企业－服务质量－案例－中国 Ⅳ.① F426.61

中国国家版本馆 CIP 数据核字（2023）第 186719 号

书　　名	95598 供电服务典型案例
书　　号	ISBN 978-7-5164-2931-0
作　　者	国网浙江省电力有限公司
责任编辑	蒋舒娟
出版发行	企业管理出版社
经　　销	新华书店
地　　址	北京市海淀区紫竹院南路 17 号　　邮编：100048
网　　址	http://www.emph.cn　　电子信箱：26814134@qq.com
电　　话	编辑部（010）68701661　　发行部（010）68417763　（010）68414644
印　　刷	北京亿友数字印刷有限公司
版　　次	2024 年 10 月第 1 版
印　　次	2024 年 10 月第 1 次印刷
开　　本	700mm×1000mm　　1/16
印　　张	12 印张
字　　数	181 千字
定　　价	68.00 元

版权所有　翻印必究·印装有误　负责调换

编委会

主　　编：沈百强

副 主 编：吴越波　沈　皓　严华江　景伟强　张　爽　罗　勇

编委会成员：罗　欣　徐家宁　朱蕊倩　杨建军　蒋　颖　陈齐瑞
　　　　　　楼　斐　陈　博　陈皓楠　赵志明

前　言

近年来，社会经济发展对供电服务提出更高要求，人民对抢修效率、充电桩安装、抄表收费服务等均有了更细致、更深入的要求。同时，新媒体时代信息传播快、群众关注度高，供电服务面临人民群众的集体监管。供电服务问题的发生，通常并非源于一线员工的主观恶意，而主要是因为他们对业务规范缺乏足够的重视和深入的理解。为帮助员工提升服务能力，真正实现"人民电业为人民"的服务宗旨，编者汇总近年来 95598 工单中实际发生的供电服务典型案例，按照故障抢修、催收电费、营商环境、电能计量、营业厅服务、电动汽车、电网建设、政企联动及服务沟通等进行分类、筛选、提炼和汇编案例，以小故事的方式供广大一线员工阅读，并附上问题解析，希望一线员工能从案例中总结经验、举一反三，切实提升其服务能力及应对客户无理诉求的自我防范能力，展现国家电网有限公司良好的服务形象。

鉴于编者水平有限，汇编中难免存在不妥之处，敬请读者批评指正。

编　者

2024 年 6 月 3 日

目　录

第一章　故障抢修 ………………………………………………… 1

【案例1】故障抢修服务态度问题 ………………………………… 2
【案例2】故障抢修到达现场超承诺时限 ………………………… 6
【案例3】故障抢修沟通不到位 …………………………………… 10
【案例4】故障抢修未按照承诺时限到达现场 …………………… 14
【案例5】故障抢修服务闭环不到位 ……………………………… 18
【案例6】故障抢修接线错误 ……………………………………… 21

第二章　催收电费 ………………………………………………… 23

【案例1】电费催收、欠费停电不规范 …………………………… 24
【案例2】抄表示数告知不规范 …………………………………… 28
【案例3】催错费问题 ……………………………………………… 31
【案例4】电费电价问题 …………………………………………… 34
【案例5】客户交错费问题 ………………………………………… 36
【案例6】催费不规范引发多次重复工单问题 …………………… 38
【案例7】抄催人员服务态度问题 ………………………………… 41
【案例8】催费方式问题 …………………………………………… 45

第三章　营商环境 ·· 49

【案例1】多种业务告知不到位 ································ 50
【案例2】审核客户资料不规范 ································ 54
【案例3】配合停限电执行不规范 ······························ 57
【案例4】业务变更出现疏漏 ·································· 60
【案例5】过户电费清算告知不仔细 ···························· 63
【案例6】客户不满用电报装时间过长 ·························· 66
【案例7】客户信息登记错误 ·································· 69
【案例8】新小区"批量停电"引发矛盾 ························ 71
【案例9】一户多人口产生的误会 ······························ 74

第四章　电能计量 ·· 79

【案例1】表计错接 ·· 80
【案例2】表计轮换未通知到位 ································ 82
【案例3】电表校验超时 ······································ 86
【案例4】轮换漏户 ·· 89
【案例5】表计位置不合理 ···································· 91

第五章　营业厅服务 ·· 93

【案例1】营业厅营业时间、服务项目问题 ······················ 94
【案例2】营业厅人员服务态度问题 ···························· 97
【案例3】营业厅搬迁工作衔接不到位 ························· 101
【案例4】营业厅服务一次性告知不到位 ······················· 104
【案例5】营业厅自助设备维修不及时 ························· 107
【案例6】营业厅业务办理等待时间过长 ······················· 110
【案例7】营业厅服务强推"网上国网"App ··················· 112

第六章 电动汽车 ········ 115
- 【案例1】充电桩安装受理问题 ········ 116
- 【案例2】充电桩安装验收问题 ········ 119
- 【案例3】装表通电告知不到位问题 ········ 122
- 【案例4】现场施工问题 ········ 124
- 【案例5】装表位置距离问题 ········ 127
- 【案例6】机械车位问题 ········ 129

第七章 电网建设 ········ 131
- 【案例1】现场施工未提前告知 ········ 132
- 【案例2】施工行为造成客户利益受损 ········ 134
- 【案例3】施工单位不明确引发误会 ········ 137
- 【案例4】多方施工造成外破坏引发误会 ········ 139
- 【案例5】临时电缆供电安全隐患 ········ 141
- 【案例6】供电设备安全距离 ········ 144
- 【案例7】电力设施噪声问题 ········ 147

第八章 政企联动 ········ 151
- 【案例1】差别电价引不满 ········ 152
- 【案例2】代理购电未告知 ········ 155
- 【案例3】光伏并网未受理 ········ 157
- 【案例4】输配电价通知问题 ········ 160
- 【案例5】第三方强拆电表问题 ········ 163

第九章 服务沟通 ········ 165
- 【案例1】敏感用户需谨慎，保留证据免责任 ········ 166
- 【案例2】服务言行不当问题 ········ 168
- 【案例3】沟通态度不当问题 ········ 170

【**案例 4**】抢修电话语气问题 ·· 172

【**案例 5**】催费无技巧问题 ·· 174

【**案例 6**】赔偿纠纷 ·· 176

【**案例 7**】客户提问随便应付 ·· 178

【**案例 8**】说话随便问题 ··· 180

第一章

故障抢修

案例 1　故障抢修服务态度问题

一、案例情景概述

客户："喂，你好。"

客服专员："您好，女士，请问有什么可以帮到您。"

客户："我要投诉，我这里停电了，你们抢修人员态度很差。"

客服专员："不好意思，给您带来了不好的体验。您可以讲一下当时的具体情况吗？"

客户："之前我这里停电了，然后我打了你们的报修电话。"

客服专员："您之前打过报修电话？"

客户："是的，就是95598，因为我这里停电了，表计电线都被烧掉了。"

客服专员："嗯，我这里已经查到您之前的报修记录，请继续吧！"

客户："我打了报修电话后，你们的抢修人员很快就到了现场。可他们看了一下现场，说是我的电线细才造成电表电线烧坏，可我的进线不细的。他们在抢修过程中还用了一个例子来说明，但明显存在人身攻击嘛，而且他们讲话很狂，晚上这个电送不出来了，要明天来修。我现在冰箱里有五六万元的货，如果电再不来，这批货就泡汤啦。麻烦你们尽快来处理，把电表和线路给我接好，而且我还要投诉工作人员，服务态度太差了。"

客服专员："好的，您反映的问题我已登记，我们尽快给您联系处理，也请您保持这个电话号码畅通，方便工作人员联系。"

客户："好的，麻烦尽快啊！"

客服专员："嗯。感谢您的来电。"

二、事件情况调查

经核实，7月6日18时6分，客户反映地址发生了电气火灾，抢修人员接到消防报案后第一时间赶到现场，发现用户表计、进户电缆、表后出线及表箱均被烧毁，现场烧毁痕迹严重，且着火原因不明。抢修人员现场告知房东及客户，因现场着火原因不明且线路都已被烧毁，出于安全考虑，建议先观察一晚，若无其他意外情况，第二天一早为客户重新安装表计和进线电缆，客户也可联系社会电工重新敷设表后线，客户及房东现场均同意该方案。

19时15分，客户拨打95598热线报修，表示该地址两户无电，要求工作人员前往查看。接到工单，抢修人员再次前往现场，客户表示刚到的一批食材需要冷冻，冷库冰柜急需用电，要求今晚能通电。

此时，由于突发情况，客户到了一批食材需要冷冻，此时没有电用，会给客户造成很大损失，客户的焦急点就在这里，所以迫切需要尽快恢复用电。

抢修人员再次向客户解释，表后线损毁严重，建议观察一晚再通电，避免引发二次火灾或停电。在场的房东表示理解，害怕再次引发事故和承担相关责任，表示不同意通电。但客户坚持认为着火并非其店铺原因，该店铺去年刚增容，且客户的其他店铺不存在这个情况，着火是供电公司进户线导致的，因而强烈要求供电公司立即恢复供电。抢修人员向客户解释现场表计已完全被烧毁，而旁边表计未被完全烧毁，火灾极有可能是客户店铺负荷较大，表后线不够粗引起的。现场查看发现进户的电缆为16平方电缆，进户线符合要求。但客户不认可该解释，抢修人员便用通俗的方言举了个例子向用户解释说明，因现场人多，环境嘈杂，讲话声音比较大，客户认为抢修人员的解释不恰当，存在侮辱客户的意思。因为房东当时也不认可立即通电的要求，故抢修人员未进行维修，与客户解释说明后便离开了。

从第二次现场沟通情况看，供电方和房东在和客户的沟通过程中没有充分站在客户的立场，未考虑客户会有比较大的损失，且在沟通过程中工作人员举了一个例子来说明故障可能产生的原因，说者无心，但听者有意，这进一步加重了客户着急和不满的情绪，造成客户再次拨打95598电话投诉，形成重复致电工单。

其实现场工作人员的服务态度问题容易产生投诉工单。下面介绍抢修人员服务态度问题的投诉判定要点。

1. 确认现场工作人员为供电公司抢修人员（含抢修外包人员）。通过历史工单查询或客户表述，确认其为从事电力故障抢修的人员。

2. 确认存在服务态度问题。服务中（含电话服务）存在推诿搪塞、谩骂、威胁、侮辱客户，使用不文明、不礼貌用语回复客户，与客户争吵、发生肢体冲突等情况。

3. 确认符合时限要求。客户反映以上事项发生在3个月内，若超过3个月，需要客户提供证据。

4. 确认发生故障的设备为供电公司产权设备。确认故障为非客户内部故障。

20时44分，客户再次拨打95598热线要求通电并对之前服务态度问题投诉。接到工单，抢修人员第三次到达现场，重新向客户说明通电可能引发的后果，按照客户要求为其更换表前电缆及表计，将电通至表计，并就之前故障原因的举例再次解释说明，并致歉由此给客户造成的不愉快。

施工完成后，抢修人员告知客户表计已完成通电，客户可以找社会电工安装表后线，并多次与客户解释资产归属问题，但客户不认可。在与客户反复沟通资产归属问题无果后，考虑到客户确有特殊情况，相关食材涉及金额较大，为避免发生较大金钱损失，取得房东同意后协助客户联系社会电工，且现场指导客户找来的电工将表后线搭接敷设，并于次日0时左右店铺通电。通电后，抢修人员再次向客户解释是出于安全考虑才建议客户不要通电。客户表示理解，并对处置结果表示认可。

本次事件反映出抢修人员面对相对复杂的状况时，与客户沟通的方式方法比较单一，耐心不足。

1. 抢修人员在抢修过程中没有换位思考，没有设身处地地为客户着想，即当日有冷冻货品到店，不可长时间断电，仅出于安全考虑建议房东和客户当日不要通电，引发客户不满情绪。

2. 抢修人员与客户沟通方式比较简单，多次向客户解释可能的起火原因且无法与客户达成共识后，用当地方言向客户举例说明，引起客户的误解和不满。

3. 表后线路产权归属对客户的宣传告知不够，当遇到产权分界点后的线路需要客户自己负责维修处理时，客户不认可，坚持要求供电部门给予处理。

三、改进提升措施建议

1. 加强抢修人员的服务规范培训，提升抢修人员服务过程中的话术及沟通技巧，强化抢修人员柔性服务意识，树立主动服务理念，更多地站在客户角度为客户着想，尽早了解客户实际诉求，提供合理解决方案，并跟踪服务过程及细节，抚慰客户焦急情绪，避免风险升级。

2. 做好主动服务客户的工作，积极张贴台区经理信息牌、表后线路产权归属说明等，便于客户在日常生活中对出现的用电问题可及时向供电部门反映，并就双方产权责任归属给予理解认同。

案例 2　故障抢修到达现场超承诺时限

一、案例情景概述

客户："喂，你好，我家里停电了，之前就报修过，怎么过了这么久还没有人过来呀？"

客服专员："您好，不好意思，请问之前是您本人报修的吗？大概什么时候报修的？"

客户："是我本人打的电话。我查一下通话记录，请稍等。嗯，电话是17点10多分的时候打的，现在都已经18点多了。"

客服专员："好的，我马上帮您查一下。您的报修记录我已经查到了，之前给您带来了不好的体验，向您表示歉意。请问之前有工作人员联系您吗？"

客户："电话是有人给我打过的，问了下情况后表示还有别的故障要处理，会尽快过来，但没说什么时候会到，我一直在家里等着，急死了。"

客服专员："好的，您的心情我们非常理解。我会将您的情况立即向当地反映，尽快安排工作人员上门为您处理。"

客户："好的，谢谢！"

客服专员："请问您还有别的需求吗？"

客户："没有了。"

客服专员："好的，感谢您的来电。"

二、事件情况调查

核实发现，当天客户于17时16分拨打热线95598反映家里停电，根据客户地址判断客户是城区客户。抢修人员在 17 时 20 分收到故障报修工单。接到工单后于 17 时 22 分首次联系客户，这时离客户拨打电话过去 6 分钟，联系还是相当及时的。

抢修人员就询问客户家中用电情况，初步判断是表后故障，表后故障不属于供电公司修理，抢修人员建议客户找社会电工自行处理，但客户坚持要求抢修人员上门查看。客户的要求有一定的道理，毕竟万一电话里搞不清楚，还是得去现场看看。但当时待抢修的故障挺多，有三起低压事故和一起高压事故，人手不够，所以安排不过来。抢修人员就在 17 时 27 分给客户打了个电话，解释说明现在有较多停电故障，已联系备班抢修人员进行处理，希望客户稍等，其他故障处理完后立即前往客户家中解决问题，但没有给客户说明具体到达时间，抢修人员不知道这里埋了个小小的"雷"。

客户在家等啊等，等到 18 点终于等不及了，毕竟现在的生活离了电啥也干不成，电饭煲不能烧饭，电视节目看不了，空调开不了，哪怕是只停电半小时都熬不住，何况快一小时了，所以就忍不住打了 95598 催促。

95598 客服代表根据客户提及的时间核对国家电网有限公司供电服务"十项承诺"的第三条规定：快速抢修及时复电。提供 24 小时电力故障报修服务，供电抢修人员到达现场的平均时间：城区范围 45 分钟，农村地区 90 分钟，特殊边远地区 2 小时。到达现场后恢复供电平均时间：城区范围 3 小时，农村地区 4 小时。这个客户是城区的，到达现场时限为 45 分钟，如此看来，确实超时限了。

然后客户又有那句话"电话是有人给我打过的……会尽快过来，但没说什么时候会到"，客服代表就下派了投诉工单。

为什么上文要三次提及"但没说什么时候会到"？

因为在这起投诉中，抢修人员已经联系客户多次，也说明了抢修可能要晚点到的情况，但是他不知道，到达现场超时限是 95598 红线投诉，不管客户有没有投诉意愿，都会被下派投诉工单，那如果客观条件真不允许啊，人手不够、交通堵塞没有办法到现场就妥妥"吃投诉"了吗？

还是有办法的，答案是，和客户明确约定时间。当抢修人员无法及时到达现场时，要和客户约定明确的到达时间，如一小时后，如 18 时 30 分，然后在约定时间前到达现场，在约定时间前客户打电话，95598是不会派发投诉工单的！

下面学习抢修人员服务行为、服务态度问题的投诉判定要点。

1. 确认抢修人员为供电公司抢修人员（含抢修外包人员）。通过历史工单查询或客户表述，确认其为从事电力故障抢修的人员。

2. 确认存在服务态度问题。服务中（含电话服务）存在推诿搪塞、谩骂、威胁、侮辱客户，使用不文明、不礼貌用语回复客户，与客户争吵、发生肢体冲突等情况。

3. 确认符合时限要求。客户反映以上事项发生在3个月内，若超过3个月，客户需要提供证据。

4. 确认发生故障的设备为供电公司产权设备。确认故障为非客户内部故障。

抢修服务到达现场超时限的投诉判定要点如下所述。

1. 确认抢修人员未在承诺时限到达故障现场：

（1）抢修人员未在公司规定时限到达故障现场（故障现场一般不在客户家中，需通过话术与客户做好核实工作），且未与客户约定到达现场时间；

（2）抢修人员已联系客户并约定到达现场时间，但未按约定时间到达现场；

（3）对于确定为客户产权设施内的故障，抢修人员虽已联系客户，但未明确告知客户为内部故障需自行联系社会电工处理。

2. 确认系统历史工单情况。有历史故障工单且省侧已经回填"到达现场时间"的，应根据故障工单"到达现场时间"主动向客户解释并安抚客户；客户不认可的，应根据故障工单派发时间判断客户投诉时是否超时；无历史工单或历史工单未回填"到达现场时间"的，以客户表述为准。

18时22分抢修人员到达现场，检查客户电表及表后线路，发现客户家中表后空开存在问题而导致家中无电。18时30分抢修人员协助客户更换家里表后空开，用电恢复正常。抢修人员对到达时间较晚及人员安排问题向客户进行了解释说明，并向客户致歉，客户对处理结果表示满意。

当然，抢修工作人员发生的问题也不完全是个人问题，最后总结发生的问题。

1. 抢修人员与客户沟通不到位，虽然接到抢修任务后第一时间联系了用户，初步判断为表后线故障后让客户"找社会电工处理"，但未照顾到客户停电状态下的焦虑情绪，未对当时因故障较多无法第一时间赶赴现场的情况做好耐心解释，未安抚好客户情绪，仅说明会尽快处理，造成客户在等待过程中产生不耐烦的情绪。

2. 抢修人员业务不精，对抢修服务承诺时限的规定不敏感，事故集中爆发时对确实不能在承诺时限内到达现场的故障工单未进行有效闭环管控，未及时与客户说明情况并约定到达时间，造成客户重复致电报修。

3. 在特殊天气事故集中爆发状况下的应急处置不完善，现场抢修负责人和班组长没有做到统一协调安排，只是分发抢修任务，未合理安排抢修时间。服务投诉风险防范意识淡薄，与客户多次沟通后，未察觉客户已对超时问题不满，没有及时前往现场解决，导致本次投诉。

三、改进提升措施建议

1. 抢修人员接到抢修任务第一时间无法赶赴现场时应及时联系客户，对不能及时到场的原因做好充分沟通和解释，安抚客户情绪，确保客户对其有一定的理解与谅解，并告知客户预计到达现场时间，让客户在理解的基础上进行有限的等待。

2. 加强抢修工单服务承诺时限的闭环管控，对显示尚未到达现场的即将超时的抢修工单做好预警提醒，抢修人员对可能超时的工单应提前主动联系客户，做好解释工作，对情绪明显不好的敏感客户耐心解释，约定时间，消除客户不满情绪。

3. 提升故障抢修应急处置能力，规范抢修流程，做好定期培训，提高抢修人员业务水平。遇故障多发的特殊情况时，加强内部抢修力量的挖掘，班组长统一协调，满足实际抢修任务需要，尽力在确保承诺的时间到达现场。

案例 ③ 故障抢修沟通不到位

一、案例情景概述

客户:"你好,是能源局吗?"

客服专员:"您好,这里是12398能源监管服务热线,请问有什么可以帮到您?"

客户:"我要投诉。"

客服专员:"请问您投诉反映的具体情况是什么?"

客户:"我要投诉电力公司。情况是这样的,我是开酒店的,7月3日这天酒店整幢大楼停电两次,这种情况去年发生了4次。昨天晚上停了2次电,我们那幢楼的客人全都投诉,全都退房了,给我造成很大的经济损失。"

客服专员:"那现在用电正常吗?"

客户:"现在电力是恢复了。但7月4日那天我也向供电服务热线95598反映过这些问题,'为什么经常停电?''具体原因是什么?'但没有得到答复。我觉得电力公司失职,未及时排查处理故障,我要投诉他们。电力公司要尽快彻底解决经常停电的问题,不然我都无法正常经营了,我的损失谁来赔。"

客服专员:"好的,您反映的情况我已记录,我们会对有关情况进行调查,核实后给您答复。"

客户:"好的,谢谢!"

客服专员:"感谢您的来电。"

二、事件情况调查

核实后发现，7月3日××广场发生了多户停电的故障，当天20时27分，××供电公司城区供电中心抢修人员接到停电报修电话，反映××广场多户停电，要求核实停电原因。抢修人员于7月3日20时45分到达现场，检查后发现××广场小区××幢××楼母排桥架螺杆有灼烧痕迹，检查电缆井道上下均有封堵，未发现异物进入的迹象，初步判定母排桥架螺杆受热绝缘降低击穿导致停电，更换螺杆后于7月3日22时38分恢复供电。

7月4日3时30分，抢修人员再次接到该地址的故障报修电话，反映此处再次停电，要求尽快复电。抢修人员于7月4日4时到达现场，检查后发现××楼桥架同处螺杆有灼烧痕迹，但无异物进入，未发现明显的水迹、滴水，螺杆略有潮湿感，怀疑螺杆段受潮引起绝缘降低后击穿，再次更换螺杆，考虑到夜间视线不佳，排查井道漏水点较困难，按先复电、后排查原则于7月4日4时38分恢复供电，并安排日间排查。

7月4日8时，当值抢修人员交班时告知排查事项，负责人立即带组员赴××广场现场开展井道排查，与相关客户沟通解释，并帮助客户处理部分内线电气故障。客户张女士于7月4日拨打95598反映该地址16楼以上多次停电的问题，要求核实停电原因。由于该处停电原因还在排查中，工作人员接到工单后未第一时间及时联系客户，打算处理好了再说。等了一段时间后，张女士由于未接到供电公司人员的电话，于是致电12398能源监管热线电话投诉供电公司失职，要求尽快解决经常停电问题，造成诉求升级。

7月4日工作人员现场排查发现××广场2幢停电的原因为20楼用户私自将空调外机安装在电缆井道内，冷凝水渗漏到井道桥架内，引起短路跳闸。在初步确认故障原因后，工作人员联系客户张女士，并当面与其沟通解释，客户表示认可。随后供电方将该排水点隔离，后联系物业对该空调外机做移除处理，彻底消除停电隐患。

7月5日18时35分，××供电公司工作人员接到了转派的12398工单，接到该工单，再次联系客户，客户表示其诉求已得到解决，无须重复处理，并对供电公司的处理结果表示认可。

在这起事件中，客户主要反映的是频繁停电问题。根据掉电记录，实际该地址最近两个月停电未达到 3 次，不满足频繁停电投诉的判定条件。

下面学习频繁停电投诉的判定要点。

1. 确认客户有投诉意愿。客户在对话过程中明确表示要投诉。

2. 确认客户为装表时间超过 2 个月的供电公司客户。

3. 确认近 2 个月内停电次数达到 3 次及以上：

（1）通过用电信息采集系统掉电记录查询停电次数（一天内允许三次三分钟内的闪停）；

（2）查询不到掉电记录的，以客户表述为准：客户清晰表述停电次数（一天内允许三次三分钟内的闪停）；客户描述模糊，通过标准话术询问客户停电次数（一天内允许三次三分钟内的闪停）；

（3）公司重要服务事项报备范畴内的停电事件及当前的继电器状态为通可核减。

4. 采集户号时，确认是否有同一 10 kV 线路投诉。24 小时内同一 10 kV 线路全停引起或同一台区停电引起的停电，已有频繁停电投诉的派发意见，并关联已派发投诉工单。（系统能够识别提示的，可直接应用；系统没有提示的，需根据户号带出的 10 kV 线路，人工查询 24 小时内同一 10 kV 线路频繁停电投诉后手动应用）

5. 确认客户投诉的事件是否为同一停电事件：根据系统查询，多次停电属于同一条昼停夜送停电信息内的，可按照同一停电事件受理；结合用户编号系统查询，多次停电属于同一条停电信息内的，可按照同一停电事件受理（即停电时间范围完全覆盖住的掉电记录合并为一条，与停电结束时间存在低于 30 分钟交叉的掉电记录也可合并）。

通过排查，发现停电原因是 20 楼用户私自安装空调，冷凝水渗漏造成短路跳闸，非供电公司责任。故障抢修人员及时响应，在抢修服务承诺时限内完成抢修任务。为此，××供电公司也向上级进行了申诉。但在这起事件中，工作人员就真的没有责任吗？

虽然这起事件不满足频繁停电投诉的判定条件，但是由于该客户先是拨打 95598，因工作人员接单后未及时联系客户造成客户不满情绪加大，从而致电

12398能源监管热线电话进行投诉，导致诉求升级。对于反映频繁停电类的工单，中心要求接单后一小时内联系客户，告知客户将会开展调查，目的是防范风险。本次事件还存在人员责任造成的服务风险外溢，所以最终申诉没有通过。

三、改进提升措施建议

1. 要加强工单处理的及时性。特别是对有投诉倾向、频繁停电等敏感类工单，接到工单后，工作人员应第一时间核实初步情况，并在一小时内联系客户，做好沟通解释工作，安抚客户情绪，畅通联系渠道，避免客户因长时间等待导致诉求升级。

2. 要提高故障研判能力和现场抢修质量。本次事件中第一次完成抢修任务后，不足5小时在同样的地方又发生了停电故障，需要进一步提高现场故障研判分析能力，并按照"修必修好"的原则做好现场故障处理，避免重复停电。

3. 加强客户侧用电安全宣传及关键点位巡视检查。针对供电公司线路的井道常态化开展隐患排查及全面巡检，同时加强客户侧的宣传，杜绝违规安装各类设施，及时发现并清理供电隐患，减少电力故障的发生。

案例 4　故障抢修未按照承诺时限到达现场

一、案例情景概述

客户:"你好,我要投诉。"

客服专员:"您好,请问您具体反映的问题是什么?"

客户:"你们电力的服务太差了,今天又停电了,这几天我家里都停了好几次电了。我孩子在读初二,现在学习这么紧张,晚上一停电作业都写不了,赶紧处理一下吧。"

客服专员:"非常抱歉给您造成了困扰。您确认不是家里的空气开关跳闸吗?"

客户:"不是,我家里的开关根本就没有跳闸,肯定是你们电网的原因,附近好多人家都停电了。最近这个礼拜大概停了三五次电,这里的老百姓都受影响了。"

客服专员:"好的,您先别着急,我和您核对下信息。"

客户:"好的。"

客服专员:"您的地址是浙江省××市××区××村××路××号,用电户名是孙××,是吗?"

客户:"是的。"

客服专员:"好的,您反映的问题我已经登记,请保持您的电话畅通,工作人员将会尽快和您联系。"

客户:"好的,谢谢啦!"

客服专员:"感谢您的来电,再见。"

二、事件情况调查

经核实，客户用电地址所在的供电台区为××村王家庄1#公变，查询掉电记录，发现该供电台区近两个月发生了3次停电。具体情况如下所述。

1月27日20时20分王家庄1#公变2#开关跳闸，××供电公司抢修人员现场巡视后，发现设备和电缆路径无异常，抢修人员便对开关进行试送，试送成功后供电恢复。

1月29日18时20分王家庄1#公变2#开关再次跳闸，现场抢修人员根据第二次故障必须处理到位的原则，对王家庄1#公变2#开关1#出线及2#T接箱的进出线电缆进行绝缘测试，发现王家庄1#公变2#开关1#出线电缆（同时为2#T接箱进线电缆）B相、C相绝缘损坏，其他电缆绝缘正常，抢修人员更换该电缆后，恢复送电。

2月3日18时35分王家庄1#公变2#开关第三次跳闸，抢修人员试验排查后发现跳闸原因为王家庄1#公变1#出线2T~5#出线电缆绝缘击穿。

八天内王家庄1#公变2#开关接连出现三次跳闸停电现象，根据频繁停电投诉判定规则1，此时只要该区域有用户致电95598反映多次停电问题，供电公司就将妥妥地"吃到"一张投诉工单。

下面学习有关频繁停电的投诉判定要点。

1. 确认客户有投诉意愿。客户在对话过程中明确表示要投诉。
2. 确认客户为装表时间超过2个月的供电公司客户。
3. 确认近2个月内停电次数达到3次及以上：

（1）通过用电信息采集系统掉电记录查询停电次数（一天内允许三次三分钟内的闪停）；

（2）查询不到掉电记录的，以客户表述为准：客户清晰表述停电次数（一天内允许三次三分钟内的闪停）；客户描述模糊，通过标准话术询问客户停电次数（一天内允许三次三分钟内的闪停）；

（3）公司重要服务事项报备范畴内的停电事件及当前的继电器状态为通可核减。

4. 采集户号时，确认是否有同一10 kV线路投诉。24小时内同一10 kV线路全停引起或同一台区停电引起的停电，已有频繁停电投诉的派发意见，并关联已派发投诉工单。（系统能够识别提示的，可直接应用；系统没有提示的，需根据户号带出的 10 kV 线路，人工查询 24 小时内同一 10 kV 线路频繁停电投诉后手动应用）

5. 确认停电是否为同一停电事件。一是根据系统查询，多次停电属于同一条昼停夜送停电信息内的，可按照同一停电事件受理。二是结合用户编号系统查询，多次停电属于同一条停电信息内的，可按照同一停电事件受理（即停电时间范围完全覆盖住的掉电记录合并为一条，与停电结束时间存在低于 30 分钟交叉的掉电记录也可合并）。

孙女士是在第三次停电后，于 2 月 3 日 18 时 47 分拨打了 95598 电话反映频繁停电问题。客服专员查询掉电记录，发现客户近 2 个月已停电 3 次，符合频繁停电投诉下派条件，故直接下派投诉工单。

现场排查找到故障原因后，当晚抢修人员立即组织更换电缆并及时恢复送电。处理结束后抢修人员就故障停电原因向客户进行了解释说明并致歉，客户对处理结果表示满意。

在这起事件中，即使孙女士不打这个电话，难免还会有王先生或张女士打投诉电话，也一定下派投诉工单。所以一旦辖区内出现了 3 次停电，被下派投诉工单的风险是非常高的。综合分析本次案例，其实在抢修服务处理过程中还存在诸多问题和不足，如果工作能做得更细致一些，投诉工单是完全可以避免的。主要问题表述如下。

1. 抢修人员业务能力差。1 月 27 日第一次故障跳闸时，抢修人员未对低压电缆全部进行绝缘测试，仅是简单地进行了试送，未深入查找故障原因。1 月 29 日第二次故障跳闸时，虽然进行了电缆测试，但只是进行更换未能查找到故障点，也未对故障点附近电缆进行全面排查。

2. 低压电缆运维不到位。该区块为老城区，低压电缆多为直埋敷设，且运行年限较长。运维人员的运维工作流于表面，未能切实排查低压设备存在的隐患点和薄弱点，存在以抢修代正常运维检修的情况，造成停电概率增加。

3. 对于敏感区域和敏感用户的重视程度不够，对多次停电的故障区域未做好主动服务。1 月 29 日发生第二次故障跳闸时，未能及时对该区域所有用户进行上门告知并留下本地报修电话，导致用户在第三次故障时拨打 95598 电话。

三、改进提升措施建议

1. 压实低压运维班组的设备主人责任。加强所辖区域设备巡视排查，建立老旧设备台账，根据轻重缓急原则对老旧设备进行更换，提高设备健康水平。对于缺陷隐患分类落实消缺计划，建立销号闭环制度，事事有落实。

2. 提升抢修人员抢修技能。对组织抢修人员开展业务技能培训，利用实训场地对低压故障进行模拟，提升抢修人员的实战能力，同时通过定期测评，促使抢修人员主动提高抢修能力，确保在日常故障抢修时提高现场故障研判的精准性，做到"修必修好，一次到位"。

3. 加强对重点敏感区域和敏感用户主动服务的力度。实时梳理已经停电 2 次及以上的用户和台区清单，并纳入重点管控，合理统筹停电计划管理，避免重复停电。主动做好重点敏感区域用户的属地电话宣传，畅通信息沟通渠道，增进客户理解，增强客户黏度。

案例 5　故障抢修服务闭环不到位

一、案例情景概述

客户:"喂,你好!"

客服专员:"您好,请问需要什么帮助?"

客户:"我这里是××路××街道426号。"

客服专员:"426号,好,请问您遇到什么问题?"

客户:"去年的时候,这里那个闸刀烧了,去年就报修过了,当时抢修人员也来过,然后他说那个闸刀要换掉,可是到现在还没来换。现在就是那个很粗的电线,烧了的电线直接接到没有闸刀那里,还没换。"

客服专员:"您好,先生,这个闸刀是单户的还是共用的闸刀?"

客户:"共用的闸刀。"

客服专员:"工作人员在现场有说多久来更换吗?"

客户:"一个月,他说那个闸刀寄到了就换,我催了好几次,反正他就拖拖拖,拖到现在了,半年多了还没来。"

客服专员:"好的,这个我来反映,请问怎么称呼您。"

客户:"我姓陈。"

客服专员:"陈先生,非常抱歉给您带来不好的体验,请保持您的电话畅通。"

客户:"好的。"

客服专员:"地址的话就是在××路××号?"

客户:"我们这里地址就是412、416、418、420,就是隔着422~426共用的闸刀还没换。"

客服专员："那陈先生请保持号码畅通，我们会尽快联系当地工作人员前来处理，感谢来电，请稍候对我的服务进行评价。"

客户："好的好的。"

二、事件情况调查

核实发现，2022年10月16日，陈先生所在小区发生故障停电，用户报修后，××供电公司的抢修人员及时到达现场，发现停电原因是现场集中表箱内的表前进线闸刀被烧坏，无法使用。因为当时没有相应的设备配件，为确保用户生活不受停电影响，抢修人员采取临时接通的方式，将进线直接并接于开关下桩头处，尽快恢复了供电。后抢修人员现场告知客户，由于物料不足，闸刀需要后期更换，大概需要约一个月，并告知客户现场无安全隐患，不影响正常用电。

后因该名工作人员忙于其他事务，没有合理安排好时间，最终把更换闸刀的事遗忘了，所以陈先生小区现场烧坏的闸刀一直未更换。2023年3月10日，陈先生又致电95598反映该问题。

该事件中抢修人员优先考虑要为用户尽快解决用电问题，在确保安全的前提下通过紧急临时处理方式，以最快速度给用户恢复了现场用电，出发点非常好，也值得点赞。但临时处理方式意味着现场装置肯定是不规范的，留了一处隐患，如果没有闭环管控到位，就是给自己埋下了一颗"雷"，而且在该事件中，抢修人员答应用户约一个月便会来更换闸刀，过程中用户也催办了几次，但半年过去了也没有更换。答应客户的事情没有做到，抢修处理不到位，存在服务违诺问题。

下面学习抢修质量问题的意见工单判定要点。

1. 确认客户为供电公司客户。
2. 确认客户反馈的问题存在安全隐患或修复不彻底。
3. 确认反馈的问题满足以下条件之一：

（1）抢修结束后故障未修复。客户前期抢修工单已回复或停电信息已终止，但客户仍未来电（合并的查看主单）；

（2）故障修复后24小时内再次停电或处理时间长。

接到工单后,工作人员及时向客户解释并致歉,于3月11日至现场更换闸刀,消除隐患,并将处理情况告知客户,客户对处理结果表示认可。

该事件也告诉我们,好心不要办成坏事,故障抢修处理要工作闭环,修必修好,承诺用户的事情一定要及时兑现。

三、改进提升措施建议

1. 抢修人员在故障抢修处理中要坚持"修必修好"的原则,提高抢修质量。遇到特殊情况需要紧急临时处理的,应将本次抢修纳入缺陷管理进行登记,并加强闭环管控和工作交接,确保消缺及时处理不遗漏。

2. 对于承诺用户的事情建立预约工单预警机制,加强时限管控,避免超期未兑现。当接近承诺时限仍无法满足客户需求的,应提前做好客户沟通解释工作,争取客户的理解。

3. 加强配品配件管理,结合区域内的设备状况,对常规的设备应配套必要的备品,以减少在故障抢修过程中因物料不足而影响抢修时效和抢修质量,留下隐患。

案例 6　故障抢修接线错误

一、案例情景概述

客服专员:"您好,请问需要什么帮助?"

客户:"我的火表进线,就是进火表的线上次坏了,你们工作人员过来给我修,但是零线和火线好像搞错了,让他再给我修修。"

客服专员:"零线和火线换了?"

客户:"对,他零线接到火线,火线接到零线了。"

客服专员:"哦,零线和火线接反了,是吗?是不是1月17日来电报修过,我们联系了工作人员给您处理,然后零线和火线接反了。"

客户:"对,我全部开关都在零线了,下面的线很粗的,我们自己不好换,让工作人员过来给我换一下。"

客服专员:"确定是我们工作人员接反的,是吗?"

客户:"对。"

客服专员:"好的,我这边马上帮您联系处理,请问怎么称呼您。"

客户:"我姓陈。"

客服专员:"好的,陈先生,请保持您的电话畅通,马上帮您联系。"

客户:"好的,谢谢。"

二、事件情况调查

核实发现,1月17日,陈先生致电95598报修停电故障,接到工单后,××供电公司抢修人员立即前往进行故障抢修。现场接线处理后,用电恢复正常，随后抢修人员离开。

2月28日，陈先生再次致电95598反映上次抢修处理后，存在零线和火线接反的问题。接到工单后，工作人员许××赶到现场，检测发现现场确实存在零线和火线接反的情况，并确认接线确实是上次抢修时工作人员所接。那么零线和火线接反会有什么后果呢？

火线和零线接反会导致电器内部依然带电，即使关闭电器但没有切断火线，也会使得整个电器内部依然拥有电压。如果电器漏电或者某个电容损坏，导致电器和大地等导体形成新的回路，会再次产生电流，人接触到新的回路就会触电。此外，火线和零线接反还会对节能造成影响，会产生非常大的热量，从而引发触电或者火灾等安全事故。因此，使用电器时一定要注意火线和零线不可接反。

现场判定存在问题后，工作人员随即对现场相关线路重新进行施工处理，将零线和火线接入正确位置，排除了安全隐患，并向用户表示歉意。

该起事件明显是工作质量差错问题，存在抢修工作不到位的问题。应该庆幸陈先生及时发现了这个问题，在没有发生安全事件的情况下及时进行了整改。如果陈先生没有发现这个问题，隐患一直存在的话，一旦发生安全事件，如家电烧坏、人身触电伤亡等情况，后果不堪设想。事故抢修无小事，安全第一要牢记。

三、改进提升措施建议

1. 加强对抢修人员业务技能的培训力度，切实提高一线人员的业务技能水平，确保现场抢修时不发生工作质量差错等问题，提高抢修质量。

2. 规范抢修流程，抢修人员抢修结束恢复送电后要对相序、零火线、用户用电情况等进行必要的检测，在程序上做到工作的闭环，确认无异常后再撤离现场。本次抢修复电后，抢修人员没有进行复测，因而未能及时发现隐患。

第二章

催收电费

案例 1　电费催收、欠费停电不规范

一、案例情景概述

客户："喂，你好，我要投诉，你们供电公司一个工作人员态度不好，催我缴电费，还把我家电停了。"

客服专员："好的，女士，请问您要投诉的工作人员是负责什么方面的？"

客户："他刚才给我打电话是催我缴电费的，我也不知道他是不是就负责这方面的工作。"

客服专员："好的，麻烦您详细说明情况。"

客户："今天下午 1 点 30 分左右我家停电了，我就打你们的热线电话报修了，后面接到那位工作人员的电话，说我欠电费了让我赶紧缴费，但印象中我不存在欠费情况，我们家电费都是从我银行卡上直接扣钱的。我就把情况解释给他听，结果他态度变得特别恶劣，很不耐烦，大声嚷嚷我就是有欠费，之前还给我打过电话催费。我这个人平时在外地做生意，一般有陌生号码我是不接的。后来那个工作人员又说在我家门上贴过催费通知单，但我今天上午到家的时候并没有看见催费通知单，下午就莫名其妙给我停电了。"

客服专员："我理解您的心情，您最近是第一次收到催缴电费的电话吗？"

客户："之前他们可能给我打过电话，但我没接到，我一般陌生电话都不接的。我是刚才家里没电了，打电话报修以后，你们的工作人员才说我是欠费停电了。再说我现在是不是欠费都还没弄清楚，照理说我家电费从银行卡扣钱不应该欠费呀。"

客服专员："好的，我了解了，您的心情我非常理解，女士，请问您方便提

供家里的电表户号吗？"

客户："我家户号是330××××××××××。"

客服专员："好的，女士，我在这边查询到您家的电费信息，显示您家这个户号是有一笔欠费的。请问您之前收到过催费短信吗？"

客户："我没有印象最近收到过。"

客服专员："好的，女士，请问您家停电之前有接到过工作人员打来的告知即将停电和停电时间的电话吗？"

客户："没有接到过告诉我快要停电的电话，就算有欠费的话，也不能这么直接给我停电吧，我家里有很多东西不能断电，如果因为断电电力设施出现问题，你们供电公司负不负责？而且刚才电话中工作人员很不礼貌，他认为拉电很有道理。你们停电有没有相关法律规定，到底什么情况下可以停电，是不是要先跟我确认过才行？如果没有相关规定，那就是非法断电，我要求一查到底，告诉我是谁断的电，是否合法、拉的对不对，拉电的这个人是代表国家电网电力公司还是他个人，如果代表电力公司要承担什么责任，如果是个人他要承担什么责任？"

客服专员："我了解了，女士，我对您不好的服务体验先向您道歉，麻烦您提供当时工作人员联系您使用的电话号码，我们会尽快核实情况，并将处理结果告诉您。"

随后，客服专员将该工单情况整理下发到该供电公司，由该供电公司相关人员处理，并持续跟进后续处理情况。

二、事件情况调查

核查了解到，来电客户是户主，抄催人员曾多次拨打客户电话催费，但客户一直未接听。工作人员未向客户发送催费短信。

客户欠费逾期30日后，工作人员进行了欠费停电审批流程，到客户家门口张贴了欠费停电通知。但客户长期不在家，因此未看到欠费停电通知。工作人员停电前30分钟未联系客户告知停电时间，停电流程不规范，且抄催工作人员与客户沟通过程中存在不耐烦、嗓门大的情况，给客户带来不好的服务感知，最终导致客户致电95598投诉。

调查完毕后，该工作人员第一时间向客户致歉并及时复电，客户表示认可。客服专员再度回访时，客户对处理结果表示满意。

在这起事件中，工作人员与客户沟通时的态度有问题，欠费停电的流程也不规范。那什么样的欠费停电流程是规范的呢？

根据《供电营业规则》，除因故中止供电外，供电企业需要对用户停止供电时，应按程序办理停电手续：应将停电的用户、原因、时间报本单位负责人批准，批准权限和程序由省电网经营企业制定；在停电前3至7天内，将停电通知书送达用户，对重要用户的停电，还应将停电通知书报送同级电力管理部门；停电前30分钟，将停电时间再通知用户一次，方可在通知规定时间实施停电。

下面我们一起学习欠费停复电的投诉的判定要点。

1. 确认停电用户非租户。

2. 须采集到户号。通过客户表述或反查。

3. 确认已执行欠费停电。通过系统查询确认（若系统无法查询到，以客户表述为准）。

4. 确认未按规定通知。客户为非智能缴费客户，欠费停电前未提前7天通知客户，且系统中无停电通知，或系统中查询到停电通知可确认欠费停电前通知时间不足7天。

总结该案例中出现的问题。

1. 客户未接听工作人员的催费电话，或者其户号已欠费的情况，工作人员未与客户建立有效联系，服务过程中客户整体体验感较差。客户对涉及电费、停电等问题相对敏感，认为自己未欠费、工作人员违规停电，最终导致客户不满。

2. 属地单位对优质服务重视程度不足，未对优质服务与日常业务进行系统分析，对于服务事件没有进行多维度的学习和分析，未达到举一反三的效果。

3. 一线工作人员在日常工作中仍未彻底转变观念，在催费过程中没有与客户有效联系，工作人员态度欠佳，欠费停电程序不规范。

4. 属地供电所内部管理不规范，对电费催收、欠费停电相关政策学习宣贯不透彻、贯彻落实情况不到位。

三、改进提升措施建议

1. 加强对工作人员尤其是抄催人员与客户沟通联系的服务话术培训的力度，增强抄催人员自我保护意识及服务意识。在无法获取与客户有效联系的情况下，工作人员可联系物业、社区街道等请求协助配合，但务必做到信息准确、工作闭环。

2. 规范抄摧人员电费抄收流程，严格按照《国家电网公司电费抄核收工作规范》执行抄收流程。

3. 规范欠费停电审批和停电流程，按照《供电营业规则》，除因故中止供电外，供电企业需要对用户停止供电时，应按有关程序办理停电手续。

4. 加强"网上国网"App 的推广，工作人员应积极邀请客户使用"网上国网"App，向客户介绍其智能缴费、在线业务办理与预约等功能，让客户获得更优质、更便利的服务。

案例 2　抄表示数告知不规范

一、案例情景概述

客户："喂，你好，我要投诉，我上周一打电话给你们，我家房子很久没有人住了，电表的抄表示数有问题，当时你们告诉我5个工作日内会告诉我结果，今天都周四了，怎么还没有人告诉我？"

客服专员："您好，女士，请问您方便提供家里的电表户号吗？"

客户："我家户号是××××××××××××。"

客服专员："好的，女士，我在这边查询到您上周一也就是7月10日反映过您对家里电表的抄表示数有疑问，前期工单答复等核查结果出来工作人员会告知，但是您从未接到电话告知此事结果，是吗？"

客户："是的，一直没有人打电话告诉我结果。"

客服专员："我了解了，女士，对您不好的服务体验我先向您道歉，我们会尽快核实情况，并将处理结果告诉您。"

随后，客服专员将该工单情况整理下发到该供电公司，由该供电公司相关人员处理，并持续跟进后续处理情况。

二、事件情况调查

核实了解，客户7月10日致电95598反映家中平时无人居住，但是每月都有电量产生，认为电表计量存在问题，故7月10日生成一张工单。在系统中查询客户电量数据后，为准确核实客户家中是否存在漏电情况，工作人员联系客户预约上门进一步核查。工作人员告知客户，抄表示数核实清楚后，会有相关人员通知客户结果。

工作人员甲核实清楚抄表数据结果后，因为出差，便将结果告知及回单工作交接给工作人员乙，但在工作人员乙联系客户打算告知抄表示数核实结果时，客户表示"已经有人联系过我了"，因此工作人员乙误认为客户已知晓结果，便没有继续将抄表示数核实结果告知客户，并于7月13日将该工单回单办结。

工单归档后，95598客服代表回访客户，但客户未接到该电话，故工单以回访不成功办结，未形成退单。最终导致客户一直未收到抄表示数核实结果，并于7月19日再次致电95598反映工作人员违诺，未在5个工作日内告知其抄表示数核实结果。

根据客户反映的问题和调查情况看，这已经满足了投诉判定要点，我们一起学习未按照规定时间核实并答复抄表数据异常原因的投诉判定要点。

1. 须采集到户号。通过客户表述或反查。

2. 确认已超时限。根据客户描述或95598业务支持系统历史工单查询，确认客户提出抄表数据异常诉求已超出5个工作日的时限。

总结本次事件出现的问题。

1. 工作人员对可能引发投诉的工作场景还不够敏感，对抄表数据异常原因的告知工作不够重视，是造成本次投诉的重要原因。

2. 工作人员服务意识不强、工作经验不足、执行不够规范，在打电话告知用户结果时听到用户说前两天有人联系过，便主观地认为有人告知其核查结果，实际上，客户所说的是前两天预约上门核查的事情，由于工作人员误解，没有进一步告知用户核查结果，也未对客户诉求是否解决进行确认。

三、改进提升措施建议

1. 台区经理在上门服务过程中可以通过留下属地服务电话、办公室电话、企业微信等方式，让客户能够直接联系到自己，如有疑问可以快速解答。

2. 要严肃对待客户告知工作，要将准确的信息传达到位，与客户沟通时应就处理结果做出明确告知，确认客户已经清楚处理结果，当客户说已经知道结果时，可以再问一句："您了解到的结果是否是×××？"若客户认可，说明告知工作已经做到位，若客户表示和之前知道的不一致，可以告知客户需要对结果再确认，稍后会将正确的结果再次告知客户。

3. 明确工作人员 AB 岗分工和工作交接细则要求，工作人员因外出等情况交接工作时，需要书面交接当前工作进度，涉及客户沟通对接进度时需要明确相关细节和要点。

案例 3　催错费问题

一、案例情景概述

客户:"喂,你好,我要投诉,我接二连三收到一个户号的电费短信,上周已经跟你们反映过了,你们告诉我已经取消了,怎么今天又收到了?我刚刚没看仔细又交了电费,都是你们乱发短信惹的祸,我要向12345反映!"

客服专员:"好的,女士,请问您方便提供您收到的发送短信的号码和上面的户号吗?"

客户:"发送短信的号码是××××,上面的户号是××××,我的手机号是×××××××××××。"

客服专员:"好的,我查询一下,麻烦您稍等。"

客服专员:"您好,女士,我这边查询到您1月5日向95598反映要取消这个手机号码的所有的电费短信,工作人员答复您已经处理好,然后您今天又收到一条智能交费短信,是吗?"

客户:"好像就是这个短信,我都说过了,这个房子我已经卖给别人,你们不要再发任何跟这个房子相关的电费短信给我,我也很忙的,你们短信发给我,我很容易看错的,交费了还要退来退去多麻烦,我的时间成本谁来补偿?"

客服专员:"好的,女士,我理解您的心情,我们会尽快处理并给您答复。"

客户:"我要求你们尽快将短信取消,明天要是再收到短信我就要向12345反映,还有你们要把我交错到那一户的钱退给我。"

客服专员:"好的,我们尽快核实情况,并将处理结果告诉您。"

随后,客服专员将该工单情况整理下发到该供电公司,由该供电公司相关人员处理，并持续跟进后续处理情况。

二、事件情况调查

客户前期致电 95598，表示其房子已卖掉，要求取消手机号 ××××××××××× 的欠费通知类型短信。95598 话务员接到客户来电后，在营销系统中取消。

属地工作人员接到工单后，了解到该客户因房屋出售需要在营销系统中删除客户电话号码。工作人员确认老号码的短信订阅已删除，短信订阅界面只剩下新业主的联系电话后，回复客户短信已取消。

1月12日，客户反映再次收到原电表户的电费相关短信，且因此交错费。核实发现，工作人员前期确认老号码的短信订阅已删除，但未在营销系统的客户联系人信息中将该客户的手机号码删除，该户号为智能交费用户，又再次生成智能交费短信并发送给用户，造成客户交错费的情况。

工作人员于 1 月 13 日删除该客户在原户号下的联系人信息，并协助该客户联系新户主进行电费退费事宜，客户表示满意。

在这起事件中，过户流程处理人员处理得不规范，工单处理不彻底，未及时准确地维护客户联系信息。那么，什么样的流程是规范的呢？

1. 在更名过户业务处理过程中，工作人员要删除老用户联系电话和相关短信订阅，为新业主维护客户联系信息、订阅电费短信及催费短信，并与用户确认。流程结束后，营销系统客户联系信息里只有新业主的手机号码。

2. 工单处理时，对用户诉求逐一处理解决，回复工单、答复客户前进行检验，避免工单处理结果与答复客户结果不一致、工单处理不完善等问题。

下面我们学习错发短信、取消又收到短信问题的意见工单的判定要点。

1. 确认来电客户为供电公司客户。

2. 确认短信是供电公司发送的短信。确认客户收到的短信内容、发送及接收短信号码。

3. 确认不认可情况。确认通过 95598 取消成功或已申请变更，且通过查询业务系统结合客户描述，确认客户此前反映的取消的短信类型和现在又收到的短信类型一致；确认短信发送错误且非客户新换手机号码、租户退租、原单位离职等原因导致。

错发短信问题极易导致客户交错费，给客户带来损失和麻烦。

总结出现的问题。

1. 用户申请更名过户业务时，工作人员未删除老用户联系电话，流程处理和客户联系信息维护不到位。

2. 工单处理不完善，只删除了客户短信订阅，未删除客户联系人信息。

3. 属地供电所内部管理不规范，对客户基础信息维护、短信订阅、电费催收相关工作要求宣贯得不透彻、贯彻落实情况不到位。

三、改进提升措施建议

1. 在更名过户业务处理过程中，工作人员要及时、准确维护客户联系电话和相关短信订阅，并与用户确认。处理工单时，对用户诉求逐一处理解决，回复工单、答复客户前进行检验。

2. 提升台区经理各类工单处理的参与度，加强台区经理对所管辖区内各类异常动向的掌控，特别是电力客户信息变化等情况，掌握第一手资料。

3. 与小区物业、村委等建立联动机制，定期收集房屋过户、租借等信息，开展主动服务，做好营销系统联系人信息及订阅的更新。

4. 建立联系信息及短信订阅日常核查机制，由班组内勤人员负责每月抽查，对错误信息进行考核。对于出租用户，建立出租用户信息档案，督促台区经理开展不定时上门核查工作。

案例 4　电费电价问题

一、案例情景概述

客户："喂，你好，我要投诉，通过看电费发票我了解到，当前执行电价为一般工商业及其他用电单价 0.6964 元，而我家现场用电性质为居民，你们这不是乱收费吗？我要投诉你们！"

客服专员："您好，女士，请问您方便提供您的户号吗？"

客户："户号是 ××××，我刚看的是 2 月的电费发票。"

客服专员："好的，我查询一下，麻烦您稍等。"

客服专员："您好，女士，我这边查询到［居民］电价应为 0.5380 元（一档），您的户号显示电价名称为 202101 居民生活（一户一表）：不满 1 千伏，两费率、单一制，实际发票显示为：202101 一般工商业及其他：不满 1 千伏，单费率、单一制，初步判断可能存在电价执行错误的情况，具体情况稍后由属地人员跟您进一步联系核实，可以吗？"

客户："赶紧给我处理吧，给我退钱。"

客服专员："好的，女士，我理解您的心情，我们会尽快处理并给您答复的。"

随后，客服专员将该工单情况整理下发到该供电公司，由该供电公司相关人员处理，并持续跟进后续处理情况。

二、事件情况调查

该客户为 ×× 小区 10 幢 1102 室的户主，客户于 2021 年 3 月 22 日通过

"网上国网"App办理过户，过户前产权为杭州×××房地产开发有限公司，因房屋为精装修，开发商需要调试，按照用电性质执行一般工商业电价，2021年3月29日过户流程归档，过户后产权为投诉人×××，执行居民生活（一户一表）电价。

投诉人通过"网上国网"App查询的电费发票都是过户前用电产生，故发票显示电价为一般工商业，过户后的电费尚未出账，导致用户误解，实际电价执行无误。客服专员已向客户解释，客户表示满意。

在这起事件中虽未发生电价执行错误的情况，但工作人员在处理客户过户流程时，告知客户因过户会产生一笔特抄电费，却未说明特抄前后的电价区别，导致客户误解。

下面我们学习电价电费的投诉判定要点。

1. 确认来电客户为供电公司客户。

2. 确认未按照相关标准收取电费或电价执行错误或拒绝提供发票。确认电费收取标准或客户实际执行电价与知识库不一致。

总结出现的问题：工作人员在处理客户过户流程时，未说明特抄前后的电价区别，导致客户误解。

三、改进提升措施建议

1. 做好过户业务的告知工作，特别是过户前后的用电类别、电价、增值税、银行代扣等信息，为客户做详细解释说明，避免客户误解。

2. 提升线上服务能力，通过业务回访及时发现并防范服务风险，组织员工主动学习《电力营销一线员工作业一本通》，进一步提高工作人员业务规范度。

案例 5 客户交错费问题

一、案例情景概述

客户:"喂,你好,我自己通过微信和支付宝交了电费4900.04元,后来发现我交的户号330××××× 9066不是我家户号,我要求将交至330××××× 9066户号的电费退还。"

客服专员:"您好,女士,请问您方便提供您具体缴费的时间和途径,以及您家的户号吗?"

客户:"我是4月5日00时12分通过微信缴纳电费1900.03元,于4月5日12时51分通过微信缴纳电费1000.01元,于4月5日13时52分通过支付宝缴纳电费2000元,合计交至330××××× 9066户号共4900.04元,你们先把这笔钱给我退回来。"

客服专员:"好的,我们会尽快核实情况,并将处理结果告诉您。"

随后,客服专员将该工单情况整理下发到该供电公司,由该供电公司相关人员处理,并持续跟进后续处理情况。

二、事件情况调查

核实发现,该客户于4月30日致电95598,表示其因自身原因,通过微信和支付宝缴费渠道,错缴电费至其他户号,申请将交至330××××× 9066户号的电费退还。

属地工作人员接到工单后,工作人员与330××××× 9066户号的账务联系人核实,账务联系人表示不认识反映人客户(即反映人客户与户号

330×××××9066无关），电费是账务联系人自己在网上购买充值的，该三笔交易均属于正常交易，认为不存在客户错缴费情况，不同意退费，故不符合《国网浙江省电力有限公司电费收费业务要求》第二十九条"非户主本人的退费申请，须经相关方协商一致并签订协议后，再办理退费手续"，因此供电公司无法确定客户是否确实存在错缴费情况，不能直接退费。后反映人客户还拨打95598催办，要求尽快联系处理，并投诉工作人员处理时间长、服务态度差等问题，核实发现并不存在客户所述的问题。考虑到该情况可能存在网络诈骗，已超出供电公司处理范围，再次建议反映人客户通过司法途径与该户号的账务联系人协商解决，后续如果警方提供了该事件的相关公函并要求供电公司协助处理，供电公司会全力配合。工作人员将处理情况告知客户后，客户表示不认可。

在这起事件中，反映人客户表示其交错费至户号330×××××9066，要求退还4900.04元，但户号330×××××9066却表示不认识反映人客户，电费是账务联系人自己在网上购买充值的，不存在客户错缴费情况，不同意退费。反映人客户对此不认可，并继续向95598反映工作人员处理时间长、服务态度差等不实情况。

遇到这种情况，工作人员应如何处理，做好自我保护呢？

1. 保留与客户沟通过程中全程的录音、录像、聊天记录等支撑材料。

2. 根据电费收费业务相关要求，"非户主本人的退费申请，须经相关方协商一致并签订协议后，再办理退费手续"。在无法确定客户是否确实存在错缴费时，不能直接退费。

3. 如遇疑似网络诈骗的情况，已超出供电公司处理范围，建议反映人客户通过司法途径与该户号账务联系人协商解决，后续如果警方提供该事件的相关公函并要求供电公司协助处理，应全力配合。

4. 如遇针对不认可国家及公司政策、已进入司法程序、无明确用电诉求要求领导联系等诉求，处理单位可在回单时标记【无理诉求客户】，此类工单仅开展一次短信回访。

5. 如遇客户为达个人目的，隐瞒身份或捏造事实，向95598反映问题的情况，必要时可申请重要服务事项报备（五）。

案例 6　催费不规范引发多次重复工单问题

一、案例情景概述

客户："喂，你好，我要投诉，当地工作人员多次催费，非常烦，我之前已经反映过了，今天又来催费，还告知我们，电费需要在每个月23日前交清，否则会影响工作人员的奖金，有没有此规定？"

客服专员："您好，请问您方便提供您的户号吗？"

客户："户号是××××。"

客服专员："好的，您的诉求我已经记录下来，具体情况稍后由属地人员跟您进一步联系核实，可以吗？"

客户："赶紧处理吧。"

客服专员："好的，我理解您的心情，我们会尽快处理并给您答复。"

随后，客服专员将该工单情况整理下发到该供电公司，由该供电公司相关人员处理，并持续跟进后续处理情况。

二、事件情况调查

核实发现，该客户户号为×××，户名为×××，1月15日系统智能语音催费电话联系反映人客户的母亲，告知其账户欠费、逾期未交将涉及电费违约，反映人客户遂拨打95598反映对违约金相关事项不认可。工作人员联系客户后向其解释电费违约金相关规则，并为其取消智能语音催费。

3月底，抄表员因两次拨打客户电话催费未果，后上门催费，过程中向反映人客户的母亲表示需要在每个月23日前交清，否则会影响工作人员的奖金。

4月4日，反映人客户对该催费行为不满，再次拨打95598反映相关问题。

属地供电所接到工单后立即展开调查，经核实，该户系统中的联系人电话为其母亲的电话，因该户家中电费较高，抄表员反复向客户母亲催费、提及违约金导致其心理压力大，且客户未留存工作人员手机号码，因此多次拨打95598。核实情况后，工作人员致电客户向其表示歉意，并向客户解释是抄表人员着急催费表达不当，实际未有相关规定，现已将系统内联系电话更改为反映人客户的号码，并向其推送工作人员手机号及个人名片，客户表示认可。

在这起事件中，工作人员使用催费话术不当，造成客户反感。工单处理人员工作存在疏漏，未了解客户实际需求，未更改催费电话，未向客户提供联系方式。那么，怎么样处理才是规范的呢？

工作人员需掌握沟通技巧，对不同特点和缴费习惯的客户采用合适的催费方式，做到正确催费、柔性催费，对于缴费金额、缴费期限等信息，需向客户详细解释说明，避免客户误解。

工单处理时严格审核。询问客户是否还有其他诉求需要解决，正确维护客户基础信息。

下面我们学习抄催人员行为规范的投诉工单判定要点。

1. 确认投诉客户为供电公司客户。

2. 确认满足以下条件之一：客户反映抄催人员服务态度差，存在推诿搪塞、谩骂、侮辱客户，使用不文明、不礼貌用语回复客户，与客户争吵，怠慢、冷漠、不耐烦、不热情、不回应、不搭理、对客户冷言冷语等态度问题；抄催人员服务不规范，存在工作过程中未出示相关证件、承诺未兑现、借用客户物品不归还、损坏客户设施、抄催人员垫付电费等不规范等引起客户不满；抄催人员在电话服务过程中无故挂断电话，在服务过程中要收取相关费用，但实际未收取。

总结出现的问题。

1. 抄催人员工作责任心不足，敏感性不强，对优质服务管控还停留在表面，未能顾及客户情绪，以内部考核机制向客户施压，面对客户的话术及服务技巧不过关，与当前柔性催费要求不符。

2. 基层班组管理松懈，对优质服务的重要性理解不够，重视程度不足，未能深挖客户深层需求，存在得过且过的思想。

3. 属地单位未能建立行之有效的客户风控号码清单，未能事前预控、常态化关怀客户。

三、改进提升措施建议

1. 对所有反映要求取消语音催费的工单进行全面排查，主动联系客户并了解其对催费的态度，根据摸排情况进行系统性分析、更新号码风控清单及营销系统客户标签，发现异常立即整改。

2. 加强台区经理个人名片推广，通过微信、电话等途径，与客户构建双方互助平台，对待客户合理诉求，应积极处理，减少投诉和不满意事件的发生概率。

3. 设立重点、敏感工单业务流转群，提升各级人员对优质服务及当前工单形势的敏感性，要求敏感工单第一时间联系客户、了解客户需求并群内反馈。

案例 7　抄催人员服务态度问题

一、案例情景概述

客户："喂，你好，我要投诉，你们有人恐吓我，我要投诉你们！"

客服专员："您好，女士，请问您方便提供您的户号吗？"

客户："户号是××××。"

客服专员："好的，具体是什么情况呢？"

客户："我在7月9日上午11点左右去营业厅办理更名过户，当时已经把所欠的电费全部交清，但是下午1点多有两个工作人员给我打电话，说是6月有一笔五十多元的电费是供电公司工作人员垫付的，要求我缴纳，并且恐吓我如果不缴纳就给我停电，让我等法院传票。我在办理更名过户时就全部交过了，这笔钱我不认可，并且供电公司工作人员还打电话给物业，你知道这给我的生活工作带来多大影响吗？"

客服专员："我理解您的心情，很抱歉，给您带来不好的服务体验，请问工作人员的信息您方便提供吗？"

客户："工作人员电话是××××××××男的，××××××××女的，我有录音为证。"

客服专员："好的，您的诉求我已经记录，我们会尽快处理并给您答复。"

随后，客服专员将该工单情况整理下发到该供电公司，由该供电公司相关人员处理，并持续跟进后续处理情况。

二、事件情况调查

核实发现，客户于7月9日11点左右到行政审批中心供电服务窗口办理房屋过户手续，过户时结算7月电费23.90元。当天13时左右，客户发现拍卖的房子没电，就拨打供电所电话咨询，得知该房子还有一笔6月的电费58.47元需要缴纳，客户对这笔电费不认可。

该笔电费是6月抄表催费人员上门催费时发现该套房子被法院查封，因联系不上原户主，抄表催费人员垫付了该笔电费。考虑到用电安全和持续产生的电费问题，抄表催费人员实施了停电处理，拆除了表箱接线。13时30分左右客户在供电所人员告知系统未停电后，找到物业人员接回线路，家里恢复电源。

抄表催费人员因客户对6月份的电费不认可，联系小区物业帮忙协调，物业人员联系客户说明情况，但是客户对此并不认可。

7月9日14时左右，营业工作人员（××××××××女）联系客户，向客户解释6月电费58.47元的由来。在双方沟通过程中，客户强调该房子是法院拍卖的，法官只是和他说需要支付欠费，在窗口办理时未提及这笔58.47元的电费，那这笔电费就不应该由他承担。工作人员表示是不是其拍下的房子一定要法院出具传票之类的证明或是法官与其沟通才能认可。工作人员在沟通中有提到法院传票字眼，但并无恐吓威胁客户的意思。在沟通过程中，工作人员急于向客户解释欠费原因，时而打断客户说话，给客户造成不良的感观，客户认为工作人员态度差。

7月9日14时20分左右，抄表催费人员（××××××××男）联系客户解释说明这笔垫付的电费，沟通过程中提及客户家的停电问题，但未威胁客户不补缴58.47元的电费就停他的电。

7月9日15时25分，客户拨打95598电话进行投诉。

在这起事件中，供电所工作人员与窗口工作人员对于垫付电费的情况未相互沟通，导致窗口人员与供电所人员告知客户欠费金额不一致，客户在办理过户手续时窗口人员未提及这笔58.47元的电费，过户流程结束后又要求客户补缴电费，给客户造成不良感受。抄表催费人员未按规定履行停电流程，而是未经汇报直接拆除电表电线。工作人员与客户沟通过程中，工作人员未向客户解释 58.47 元电费的来龙去脉，未向客户提供缴费证明等。工作人员服务态度和服务意识较差，未及时发现客户的不好情绪，而是一味强调补缴电费的事情，导致客户不满情绪升级，进而拨打投诉电话。那怎么处理是规范的呢？

1. 抄表催费人员树立规范服务意识，履行"柔性催费"的优质服务要求，催费时注意服务态度要规范。如遇客户欠费经催缴未在规定时间内缴费的，履行汇报和规定的停电流程，不得为客户垫付电费，也不得直接拆下表箱线路实施停电。

2. 工作人员之间信息对接到位，核实客户电费欠费情况。强化业务流程管理，流程的发起和归档时应与属地班组有效沟通。

下面我们一起学习抄催相关投诉判定要点。

1. 须采集到户号。可通过客户表述及反查获取。

2. 确认事件发生时无欠费情况。通过系统查询或客户表述确认事件发生时无欠费。

3. 确认抄催人员服务态度差，或服务中与客户发生肢体冲突等。

4. 确认事件发生时间。抄催人员在抄催工作中出现投诉事件。

5. 确认排除以下情况：无正当理由对前期回单不认可、对国家或公司相关政策不认可等供电公司未满足其不正当诉求引发的服务态度问题。

现场服务人员服务行为或者抄催人员服务行为问题的投诉判定要点如下所述。

1. 须采集到户号。可通过客户表述或反查获取。

2. 确认事件发生时无欠费情况。通过系统查询或客户表述确认事件发生时无欠费。

3. 确认抄催人员出现服务违规行为。工作时间饮酒及酒后上岗、不执行首问负责制、泄露客户信息、投诉工单未在 24 小时内联系客户。

4. 确认排除以下情况：无正当理由对前期回单不认可、对国家或公司相关政策不认可等供电公司未满足其不正当诉求引发的服务规范问题。

总结出现的问题。

1. 抄表催费人员停电流程不规范。

2. 工作人员责任心不强，信息沟通不到位。

3. 抄表催费人员未履行"柔性催费"的优质服务要求，催费时服务态度不规范。

4. 抄表催费人员违反规范为客户垫付电费。

三、改进提升措施建议

1. 加强对电费催收服务的管控，组织对抄表催费人员开展规范停电流程的宣贯和培训，严禁工作人员未经汇报通过"拉空开""拆电线"等方式对客户停电。对法院查封产权的房屋及时跟踪，及时与法院沟通，规范停电流程，做好电费回收风险防范。

2. 加强业务流程管控，进一步梳理各项业务流程，规范业务流程管理，做好各专业人员之间的信息对接。

3. 加强工作人员服务规范培训，提升服务质量。规范收费人员在电费催缴过程中的行为，加强对上级关于优质服务相关文件制度的学习和宣贯，严格落实"柔性催费"工作要求，确保每一位收费人员入脑入心，全面提升催费人员的业务水平及服务质量，杜绝类似事件发生。

4. 提升工作人员服务意识，在与客户沟通过程中尽量以实际数据和材料为主，控制与客户沟通的人员数量和电话频次，在发现客户情绪激动时应及时调整沟通策略或暂缓沟通，避免不良情绪升级。

案例 8　催费方式问题

一、案例情景概述

客户："喂，你好，我要投诉，你们供电公司这个月十几号就在我家门口贴催费通知单，这也太早了，以后不要那么早去贴，影响不好，我自己 20 号左右会缴费，且手机上面会查欠费，不要再催我了，而且张贴在大门上也不合适吧，催费通知单上的内容会泄露我的隐私，你们这么做是在侵犯我的隐私！"

客服专员："您好，请问您方便提供您的户号吗？"

客户："户号是××××，我刚看的是 4 月的电费发票。"

客服专员："好的，我理解您的心情，您的诉求我已经记录，我们会尽快处理并给您答复。"

随后，客服专员将该工单情况整理下发到该供电公司，由该供电公司相关人员处理，并持续跟进后续处理情况。

二、事件情况调查

经核实，该户 5 月 1 日电费出账后，客户一直未缴纳电费，抄表员为避免客户逾期产生电费违约金，于 5 月 14 日在东日商厦 2 幢一楼大门上粘贴了催费通知单，本月过早粘贴催费通知单对客户造成影响，现已向客户致歉。催费通知单上有客户的详细地址和姓名，客户认为泄露了客户的隐私，对此供电公司也表示歉意，现已要求抄表员今后不要再给该户粘贴催费通知单。

接到客户反映后，工作人员第一时间联系客户进行了调查，核实情况后，工作人员向客户道歉，告知用户处理结果，客户表示认可。

在这起事件中，客户对供电公司的催收电费时间、频次、催费通知书的张贴位置和内容不满。那怎么处理是规范的呢？

1. 抄催人员积极与客户沟通，根据客户缴费习惯和偏好，采取合适、合理的方式催收电费。

2. 严格落实供电服务"十项承诺"和员工服务"十个不准"要求，不对外泄露客户个人信息，通过短信、线上渠道信息推送等方式，告知客户电费发生及余额变化情况，提醒客户及时缴费，推进客户电费缴纳"一次都不跑"。

下面我们一起学习抄表催费问题的意见工单判定要点。

1. 确认反馈问题的客户为供电公司客户。

2. 确认反馈的问题满足以下条件之一：

（1）通过系统查询客户的抄表周期，确认客户描述正确，抄表例日或周期确实发生变更，且知识库中未有此变更的相关支撑内容；

（2）确认确属估抄、抄错、漏抄、未抄。非远程抄表（普通抄表器、远红外抄表），即客户确认抄表员未至表计现场抄表但产生抄表记录；客户提供其电表示数小于系统中抄表示数，或客户表示有其他有效证据，在业务支持系统用电采集模块内确认客户实时电表示数；客户正常用电，远程抄表（含远采、集抄等方式）客户经核实连续三个及以上抄表周期无电量产生，非远程抄表（普通抄表器、远红外抄表）客户一个及以上抄表周期无电量产生等；

（3）对催收电费时间、频次、方式、未（错）收到催费通知等有异议；

（4）对已到欠费停电时间但未执行欠费停电有异议；

（5）非智能交费客户反映收到错误欠费停电通知但还没有被停电（通过系统查询确认，供电公司执行欠费停电时出错）；确认未按欠费停电通知书明确的停电时间停电；对供电公司的催费通知书或停电通知书的粘贴位置、内容有异议。

总结出现的问题：工作人员催费时间不当，催费通知单张贴位置不当，导致客户误解。

三、改进提升措施建议

1. 加强对典型案例的组织学习，在此基础上要做到举一反三，杜绝发生重复性投诉工单。

2. 加强营销系统客户标签使用及管理，及时更新记录客户对待催费工作的态度，有效防范因使用客户不喜的催费方式导致的投诉。

3. 加强对抄表员的收费管理，明确催缴费相关规范，根据客户缴费习惯和偏好，采取合适、合理的方式催收电费。

4. 继续完善客户经理进社区的工作，通过发放社区经理名片、张贴社区经理服务告示等方式大力宣传社区经理服务，加强和客户的沟通联系，及时解决客户的用电问题。

第三章

营商环境

案例 1　多种业务告知不到位

一、案例情景概述

客户："喂，你好！我要投诉××供电所的工作人员徇私舞弊。多收我电费。"

客服专员："先生，请您详细说说具体过程，工作人员如何多收了您的电费？"

客户："我是 A 公司的法人，我的公司于 2022 年 6 月购买了 B 公司的厂房，准备第三季度搬进去。B 公司的厂房在 2022 年初就已经申请了变压器报停，变压器是 630 kVA 的，因为我公司 9 月需要用电，便向当地的供电所申请更换 250 kVA 变压器，供电所工作人员告知需要先申请暂停恢复，再申请减容，最后办理过户业务，虽然很麻烦，但我按照要求操作了，9 月 7 日我向供电所申请 630 kVA 变压器暂停恢复，9 月 16 日申请变压器减容，10 月 31 日申请变压器过户，11 月 11 日过户成功。供电所的人告诉我原来那个 630 kVA 变压器共计产生 32760 元电费，我非常不认可。办个减容给我搞了这么长时间，而且当时有工作人员跟我联系说会退电费，结果一直到 2023 年 2 月底我都没有收到钱。在此之前我多次联系供电所，他们就一直拖着。我要求尽快调查供电所未履行承诺问题，并尽快退还电费。"

客服专员："好的，先生，您的诉求我已经记录，再跟您确认，您反映在 2022 年 9 月 7 日至 11 月 11 日先后办理了暂停恢复、减容、过户三项业务，对于工作人员告知您产生的 32760 元电费有异议，要求核实产生该笔电费的原因，以及要求工作人员尽快按照承诺退还电费，对吧？"

客户："是的，麻烦要尽快处理，我已经等了太久了。"

客服专员："好的，先生，非常抱歉让您等了这么久，您反映的问题我已经如实记录，您的诉求会转派至属地处理单位，由属地单位处理人员尽快与您联系核实并处理，请您保持手机畅通。"

客服专员核对客户诉求信息无误后将工单整理下发。

二、事件情况调查

经核实，客户购买 B 公司厂房时该公司已对变压器申请了暂停（即客户反映的报停），客户 2022 年 9 月搬进该厂房后，用电负荷相对较小，想要把该厂房原有容量 630 kVA 的变压器更换成容量为 250 kVA 的变压器，于是询问当地的供电所应该怎么办，工作人员告知客户需办理暂停恢复、减容和过户三项业务。

于是，客户在 2022 年 9 月 7 日申请暂停恢复，2022 年 9 月 16 日暂停恢复流程结束，2022 年 9 月的基本电费为 9450 元。工作人员指导客户在 2022 年 9 月 16 日当天继续申请减容，因客户现场涉及变压器及设备更换，减容工程需要一定的时间，2022 年 10 月 9 日客户减容工程竣工，工作人员也在当天进行现场竣工验收，并在"竣工验收意见单"上签署合格。

2022 年 10 月 11 日，客户的 250 kVA 变压器送电成功，当天客户的减容流程应该归档结束，但是营销系统出现故障了，营销系统中减容流程到达计量设备配置出库环节时无法下发，工作人员在当天提交了问题管理，最终该流程于 10 月 27 日结束。说到这里，就出现了问题，基本电费怎么办呢？

正确的方式是，系统原因导致的 2022 年 10 月 11 日至 10 月 27 日的基本电费不应该再计收，但是这次系统故障并非常规问题，虽然提交了问题管理，但工作人员其实无法百分百确定系统是否会自动剔除系统异常期间的基本电费，想想大概率系统不会这么聪明。因此，以防万一，供电所的工作人员也咨询了下本单位的电费专职，大概估算 9 月 16 日至 10 月 27 日 630 kVA 变压器共计产生 32760 元的电费，包括电度电费和基本电费等，并告知客户该估算金额，提醒客户电费出账后，会单独将其中多收的基本电费退还给客户。

2022 年 11 月 2 日，电费出账了，2022 年 9 月正常电费合计为 22458.67 元，

10月正常电费合计为12180.57元,两个月电费合计实际为34639.24元。2022年10月31日客户申请过户,2022年11月17日过户流程结束,客户在向95598反映的11月11日过户成功,实际为过户后,客户与供电公司合同签订完毕后,流程到达过户电费清算环节的时间。

但这个时候,供电所的工作人员自己吃不准,因为涉及多个流程变更、基本电费、特抄清算、系统原因等,电费的核对和退补计算也是个大难题,供电所的工作人员和电费专职一起讨论多次,花费了不少时间,所以出现了用户在2022年11月多次询问供电所退还电费事宜,工作人员均答复还在处理中。

再后来,用户不再追问,当地的供电公司认为此事也就不了了之,事情一直没有得到真正解决。

时间来到了2023年2月底,客户终于忍无可忍,拨打了12398投诉。

工单发生后,工作人员向客户致歉,核对系统电费出账金额,实际计算准确,并无差错,也无须退补,并将客户接收该厂房以来的实际用电电费一一详细解释,客户表示认可。客服专员再度回访时,客户对处理结果表示满意。

我们一起看看,这件事情中工作人员踩到了服务红线:国家电网员工服务"十个不准",即不准无故拒绝或拖延客户用电申请、增加办理条件和环节(第三条)和不准漠视客户合理用电诉求、推诿搪塞怠慢客户(第六条)。

下面我们一起学习这个投诉判定要点。

1. 确认其为供电公司受理的业务。能在业务支持系统中查到用电变更流程或确认客户通过营业厅、95598网站、"网上国网"App、现场服务等供电公司渠道申请。

2. 确认工作人员是国家电网工作人员。

3. 确认工作人员未一次性告知的内容。确认受理业务或告知验收结果时未一次告知客户应提供的手续、缴纳的费用。

我们的工作人员虽然不是主观有意地造成差错,但是因为业务技能和沟通技巧的欠缺,客观地造成一定程度上的"推诿、搪塞、增加办理环节"等问题,且因电费告知不到位造成客户可能反映供电公司未"一次性告知"的投诉风险。

最后总结出现的问题。

1. 客户认为从630 kVA变压器更换为250 kVA变压器需要办理多项业务

的过程烦琐，涉及电费清算复杂，整体办理过程时间较长，且客户非专业人员，对专业问题的理解度有限，服务过程整体体验感较差。

2. 涉及电费等费用问题相对敏感，客户通常比较关注电费，因不清楚电费清算细节，也未对工作人员建立信任感，最终导致客户不满。

3. 工作人员业务技能不足，服务敏感度欠佳，在客户多项业务连续办理过程中，未对业务的各个环节产生的前因后果向客户解释清楚，本事件更换变压器同时涉及现场高低压柜的整组更换，因此客户诉求也可以通过"销户＋新装"两项业务办理完毕，且不涉及复杂的基本电费计算，更容易让客户接受和认可。

4. 工作人员缺乏一定的责任心和沟通意识，在前期未完全确定情况下口头答应客户退还电费，但在电费出账后又一拖再拖不解释，给客户带来不好的服务感知。

三、改进提升措施建议

1. 加强工作人员尤其是客户经理队伍对业务规范灵活应用的培训学习，以更加节省客户用电成本和简单的方式为客户提供优质方案。

2. 增强对客户心理的体察，第一时间挖掘出客户的真实疑虑，并对客户的疑问有求必答，及时消除客户疑虑。

案例 2　审核客户资料不规范

一、案例情景概述

客户:"喂,你好!我要投诉××营业厅的工作人员,她拒绝给我办理过户,我资料都齐全,她还让我开证明。"

客服专员:"先生您别着急,麻烦您具体描述事情经过。"

客户:"我在1月9日到××营业厅申请电表过户,但是给我办理的营业员告诉我需要开具我的公司和我的产权证地址一致的证明,才肯受理我的申请。"

客服专员:"请问营业员要求您到什么地方,或者说找谁开证明?"

客户:"她跟我说要找街道,我第二天去找街道,街道的工作人员说他们根本开不了这个证明,我公司实实在在在那里用电,你们有什么理由拒绝我?"

客服专员:"非常抱歉先生,请问您在申请业务时具体提供了哪些资料?"

客户:"营业执照,还有我的身份证、房产证,我是法人,我就想知道为啥我不能申请过户。"

客服专员:"好的,先生,您的诉求我已如实记录,会尽快给您回复。"

客服专员核对客户诉求信息无误后将工单整理下发。

二、事件情况调查

核实后得知,客户购买二手商品房,经营××汽车专修店,但未在购房时同步办理电表过户,客户用电地址处的前户主在2023年1月4日直接申请了销户业务,当地供电公司工作人员在销户现场核实发现,现场存在实际用电行为,即客户的××汽车专修店在正常用电，客户便要求供电公司停止销户，等自己新公司的营业执照办出后马上办理过户，经与前户主沟通后，销户流程终止。

客户在2023年1月8日办理了营业执照，在1月9日至当地供电营业厅申请过户业务，营业厅工作人员核对客户资料时发现，客户提供的营业执照中用电地址具体到了门牌号，但是提供的产权证明地址没有具体门牌号，营业人员告知客户现有资料无法证明及判定报装地址、产权地址和营业执照登记地址是否一致，要求客户去当地街道开一份营业执照地址和实际用电地址一致的证明后再来营业厅申请。

客户在2023年1月9日至街道办事处开具证明被拒绝，认为供电公司有意刁难，当天拨打12398投诉。

工单发生后，该名营业厅受理人员第一时间向客户致歉，并受理了客户过户业务，客户经理在2023年1月14日至现场核查该户前户主的电表确实安装在产权证的地址上，现场确实无门牌号。但是客户的产权证明上的区域平面图也和现场实际一致，核实用电信息无误，过户业务在2023年1月18日办结。客服专员再度回访时，客户对处理结果表示满意。

下面我们一起学习这个投诉判定要点，该事件存在以下两种类型投诉红线风险。

一是营业厅人员服务行为投诉判定要点，即一次性告知执行不到位判定要点。

1. 确认工作人员为供电营业厅工作人员。确认其是为客户提供用电服务、与客户发生服务接触的工作人员（除保安、保洁人员）。

2. 确认在营业时间内。

3. 确认工作人员出现服务违规行为。服务中（含电话服务）未履行一次告知制和首问负责制造成客户重复往返、营业窗口人员做与工作无关的事、工作时间饮酒及酒后上岗、泄露客户信息、投诉工单未在24小时内联系客户。

4. 确认客户反馈的事件符合事件时限。客户反映以上事项在3个月以内或超过3个月但客户可以提供证据的。

5. 确认排除以下情况。无正当理由对前期回单不认可、对国家或公司相关政策不认可、欠费未交导致停电等供电公司未满足其不正当诉求引发的服务规范问题。

二是用电变更环节处理问题投诉判定要点，即一次性告知执行不到位判定要点。

1. 确认为供电公司受理的业务。能在业务支持系统中查到用电变更流程或确认客户通过营业厅、95598网站、"网上国网"App、现场服务等供电公司渠道申请。

2. 确认是国家电网工作人员。

3. 确认未一次性告知的内容。确认受理业务或告知验收结果时未一次告知客户应提供的手续、缴纳的费用。

最后总结出现的问题。

1. 客户至供电营业厅和街道均被拒绝，体验感较差，客户的用电诉求未解决，且无其他可执行方案，最终导致客户不满。

2. 窗口人员违反了"最多跑一次"原则，在客户未缺件的情况下，依然要求客户补充资料后再次前往营业厅重新申请过户。

3. 工作人员工作经验不足，应变能力较差，答复客户存在主观武断的推定，在客户提供申请资料齐全且申请资料信息并不矛盾的情况下，片面地以小概率风险否定了客户申请。

三、改进提升措施建议

1. 增强沟通意识，在客户申请资料齐全，但因特殊情况推测申请资料可能存在不合规风险情况下，应第一时间向客户经理或上级领导报备，请求明确的处理意见。

2. 加强窗口人员服务意识培养和典型业务技能培训，开展常用业务情景模拟，确保窗口人员灵活、礼貌应对。

案例 3　配合停限电执行不规范

一、案例情景概述

客户："你好！我要投诉××供电所，他们的工作人员今天上午在我家拆表，没有提前通知我，我家现在没有电。"

客服专员："先生，您好，请问您每月的电费是直接交给国家电网吗？"

客户："是啊，我有用电号，每个月都是通过支付宝交电费。"

客服专员："先生，麻烦您报一下您的用电户号，就是您每个月交电费的户号。"

客户："我查一下，330××××××。"

客服专员："谢谢先生，请问您的用电地址是？"

客户："××××村××。"

客服专员："先生，目前查到您有一个暂拆的流程在途。"

客户："这个名字是村里的，地是我们村自己的，我在这住很久了，昨天问过供电所，他们说是村委会让拆的表，我又去问村书记，他说没有让供电所拆过表，停电给我造成了很大的伤害，请你们立刻调查这个供电所在没有通知我的前提下就把我家电表拆掉的事，给我一个交代。"

客服专员："好的，先生，我们马上核查，尽快给您回复。"

客服专员核对客户诉求信息无误后将工单整理下发。

二、事件情况调查

核实出现，客户反映的户号为 A 村委会所有，A 村委会前期申请用电时提供了集体土地建设用地使用证，申请用电立户户名为×××，主要用于村里的季节性农业排灌用电，为防止村民私拉乱接，A村委于2022年12月26日向当地供电所申请停电，要求2023年1月13日开始现场执行停电，营销系统在2022年12月27日发起批量用户特殊停电流程，停电类型为政府强制执行停电，后在2022年12月28日将批量用户特殊停电流程作废，更改为暂拆流程。

2023年1月13日当地供电所2名工作人员至现场拆表停电，现场其他人员陪同，客户反映的供电所未通知便将电表拆除情况属实，工作人员告知客户如需复电，应由村委会向供电部门提交复电申请，而客户无法提供村委申请复电的证明，也无法证明该房屋为客户或客户家人所有，故供电所无法按照客户要求对该户复电。

调查完毕后，该事件发生时供电所当时处理的工作人员核查到该户用电类别是农业排灌，实际却用于居民生活，存在高价低接的违约用电情况，工作人员立刻联系A村委会，说明违约用电情况，村委会工作人员主动联系客户说明拆表事宜，经解释，客户对供电所的配合行为已无异议，但是对村委会的行为表示不认可，工单最终以不认可办结，且在客服专员再度回访时，客户对处理结果依然表示不满意。

最后总结出现的问题。

1. 供电所的执行停电行为对客户的正常生活产生了影响，引发客户不满。

2. 客户对停电需要提前通知的规定有一定的了解，故在投诉中直接表明供电公司的疑似通知是不规范的，想以此给供电所施压，促成复电。

3. 工作人员自我保护意识有待加强，无条件配合了村委会的工作，在村委会提出停电需求时，第一时间错误地发起"政府强制执行停电"的特殊停电流程，实际村委会并不属于"有权作出停电决定的行政主体"。

配合停限电的文件依据：《国网浙江省电力有限公司客户停限电管理办法》的第四十九条规定，通常有权作出停电决定的行政主体主要有：县级及以上人民政府、县级及以上人民政府电力管理部门、县级及以上人民政府安全生产监督管理部门、法律法规规定的其他行政主体。第五十条规定：行政机关以外的各类办公室、委员会、领导小组、指挥部等临时性、协调性机构，在没有法律法规授权的情况下发出的协助停电通知，供电企业可依法不予执行。供电企业可建议上述单位报请有关人民政府、电力管理部门或人民法院依法处理。

4. 工作人员专业技能和法律意识有待加强，未第一时间核查现场是否存在违约用电等异常情况，现场取证不够充分，也未借助法律支撑与申请暂拆的村委会进行充分沟通，导致后续处理一直处于被动状态。配合停限电的法律法规依据如下所述。

《中华人民共和国行政强制法》：行政机关不得对居民生活采取停止供水、供电、供热、供燃气等方式迫使当事人履行相关行政决定。

《浙江省电力条例》第五十二条有下列情形之一的，供电企业可以中断供电，对中断供电造成的损失不予补偿：（一）供电企业执行行政机关、司法机关依法作出的停电指令的。供电企业依照前款第一项至第四项规定中断供电后，应当在两个工作日内报告本级电力管理部门。

供电公司配合停电的原则是"依法"，可以结合现场违约用电实施和相关法律依据争取村委会放弃申请暂拆，必要时自行拆除表后线路，待现场纠纷解决后再行拆表。

5. 工作人员重要服务事项报备意识有待加强，该工单反映事件虽不在配合停电重要服务事项报备范围，但可以尝试向村委会建议报警处理或争取村委会出具存在个人恩怨的相关材料，通过接处警记录或受案回执，或村委会出具的相关材料，按照第五类"因私人问题引起的经济纠纷、个人恩怨或用户不满处罚结果"进行重要服务事项报备。

三、改进提升措施建议

1. 加强现场处理人员的业务技能技巧和普法知识培训，对易存在风险点的现场服务环节明确处理步骤和服务底线，对重要服务事项报备、停限电政策的具体应用通过实际案例进行普及推广。

2. 加大现场服务记录仪等服务工具储备和应用，及时做好现场服务事前、事中取证和过程记录等工作。

3. 对于现场存在窃电、违约用电行为的，应规范发起查处并责令整改。后续是否执行停电，应在窃电、违约用电行为处理完毕后，按照户主意愿另行处理。切忌以配合停电的方式进行现场查处。

案例 4　业务变更出现疏漏

一、案例情景概述

客户："您好！我要投诉，2022年11月10日我通过你们国家电网的App申请了取消峰谷电，这都快两个月了，今天查了App，显示流程还没有结束。"

客服专员："女士，非常抱歉，麻烦您报一下您的用电户号。"

客户："330××××××。"

客服专员："好的，女士，请问您的用电地址是？"

（客服专员与客户核对用电地址信息无误）

客服专员："目前查询到您确实有一个改类流程在途，我马上将您的诉求反映至当地的供电公司。"

客户："请马上反映，这两个月多收的电费什么时候可以退还给我？"

客服专员："您的心情我非常理解，很抱歉给您带来不便，我会在您的诉求中备注'要求加急'，当地的供电公司看到后会及时联系您的。"

客户："好的，谢谢。"

客服专员核对客户诉求信息无误后将工单整理下发。

二、事件情况调查

核实发现，客户为A企业的员工，该企业于2022年11月10日在"网上国网"App办理改类业务，电价由原来的三费率两部制改为单费率单一制，由于当地供电公司工作人员失误导致该流程一直停留在上门服务环节，后该企业月度电费出账后，客户本人未关注，客户的领导发现异常，询问客户后，客户查询"网上国网"App业务办理进程发现改类流程一直未结束，领导要求客户马上解决问题，否则扣除其月度工资和奖金。

2023年2月9日客户来电反映改类流程未结束情况，接到客户诉求后，当地供电公司工作人员于2023年2月10日将该流程归档。由于该企业用户是市场化零售用户，工作人员在2023年2月10日当天与该企业签署的售电公司取得联系，沟通电费退补事宜。

2023年2月15日，售电公司确认好退补的电费差价金额，并以书面形式通知供电公司和客户，客户认可后，供电公司于2023年2月16日发起电费退补流程，并当面向客户致歉，客户表示认可，当客服专员再度回访时，客户对处理结果表示满意。

我们一起来看看，这件事情中工作人员面对的服务风险。

改类（电价）业务时限：无须换表的改类业务对外承诺时限是2个工作日，需要换表的改类业务对外承诺时限是5个工作日。

变更类业务时限问题的95598判定：变更类业务时限目前未列入95598投诉事项判定范围，如发生客户反映业务扩变更类问题，通常下派意见工单。

最后总结出现的问题。

1. 人为工作失误导致改类流程未及时结束，客户发现问题担心被扣工资。

2. 当地供电公司内部对流程管控的机制不够完善，在途流程缺乏预警提醒措施。

3. 工作人员工作不够仔细，未养成良好的"今日事今日毕"的工作习惯，导致客户诉求被忽略。

三、改进提升措施建议

1. 建议涉及电费变更和清算的变更类业务（如改类、过户等），建立两级客户沟通机制：受理环节工作人员电话联系客户，核实客户申请情况，告知客户电费变更、清算等关键注意事项；流程下发后，属地处理单位做好流程实时跟踪，在规定时限内再次联系客户，将电费变更、清算等信息详尽、清晰地告知客户，确保客户理解、知情。

2. 加大录音电话、录音笔等服务工具储备和应用，积极推广应用微信、短信等渠道，加强对客户关系的维护，及时做好客户服务事前、事中取证和过程记录等工作。

案例 5　过户电费清算告知不仔细

一、案例情景概述

客户:"你好! 我要投诉,我是在 2022 年 8 月 12 日通过国家电网 App 申请了过户,今天已经 8 月 30 日了,为什么我的过户流程还未结束,不是说 5 个工作日内完成吗?"

客服专员:"女士,非常抱歉,麻烦您报一下您的用电户号。"

客户:"330××××××。"

客服专员:"好的,女士,请问您的用电地址是?"

(客服专员与客户核对用电地址信息无误)

客服专员:"目前查询到您确实有一个过户流程在途,系统显示您有一笔 455.52 元电费未结清。"

客户:"什么电费未结清,没有人跟我说过有电费啊?而且为什么电费会这么多?为什么要我承担这笔电费?"

客服专员:"非常抱歉女士,您的过户业务显示选择了电费清算,因此您的年度阶梯电费需要重新核定,涉及一笔阶梯差额电费需要缴纳。"

客户:"我没有选择清算,我根本不知道这笔清算电费,房子刚买来还没有入住,应该让原户承担,凭什么让我来承担,我要投诉'当初没有跟我讲清楚'。"

客服专员:"非常抱歉,过户涉及的电费清算由您自主选择,您可与老户主协商电费缴纳事宜。"

客户:"这不合理,过户是我办的,房子现在已经卖给我了,我现在去找老户主，他怎么会理我，当初过户的时候你们为什么不讲清楚，你们有告知义务的。"

客服专员："女士，您的心情我能理解，我会把您的诉求派发到当地的供电部门，由当地的工作人员联系您，好吗？"

客户："要尽快，你们就是欺负老百姓不懂，一点责任心也没有。"

客服专员："女士，我马上帮您转派。"

客服专员核对客户诉求信息无误后将工单整理下发。

二、事件情况调查

核实发现，客户于 2022 年 8 月 12 日通过"网上国网"App 申请低压居民过户业务，工作人员预审客户申请资料齐全，致电客户核对客户基础信息无误，简单询问客户"您是否选择了电费清算"，客户回答"是的"，过户业务随即受理下发，进入电费清算环节。

但是客户实际并未理解电费清算的概念，不知道过户选择清算后会生成新的户号，也不知道年度阶梯电费会重新清算并产生一笔阶梯清算电费，需待客户结清电费重新签订供用电合同后，流程方可结束。

因该户 1—7 月用电量已超过 5000 度，选择电费清算后产生了一笔阶梯差价电费。

接到客户诉求工单后，当地供电公司立刻联系客户，向客户致歉并耐心解释，客户表示现在明白了，并与老户主达成一致，由老户主支付该笔电费。客户已无投诉意愿。

最后总结出现的问题。

对新户主来说，年初办理过户时用电量较少，是否选择电费清算区别不大；年中尤其七八月用电高峰期办理过户时，如选择电费清算通常会产生一笔较大的阶梯清算电费，此处往往是引发客户不满的主要风险点。

1. 过户业务相对复杂，客户作为非专业人员，对供电公司的专业流程并不了解，在工作人员未及时告知的情况下，客户一直未意识到需要清算电费。

2. 工作人员缺乏责任心和服务敏感度，对涉及电费结算、户号变更等复杂业务，应当换位思考，从客户角度为客户考虑，要用通俗的语言解释到位某些专业概念。

3. 工作人员的业务技能有待提升，对阶梯电费清算不够熟练，导致无法详尽、及时地为客户答疑解惑。

三、改进提升措施建议

1. 建议涉及电费变更和清算的变更类业务（如改类、过户等），建立两级客户沟通机制：在受理环节，工作人员电话联系客户，核实客户申请清晰，告知客户电费变更、清算等关键注意事项；流程下发后，属地处理单位做好流程实时跟踪，在规定时限内再次联系客户，将电费变更、清算等信息详尽、清晰地告知客户，确保客户理解、知情。

2. 加大录音电话、录音笔等服务工具储备和应用，积极推广应用微信、短信等渠道，加强对客户关系的维护，及时做好客户服务事前、事中取证和过程记录的工作。

案例 6　客户不满用电报装时间过长

一、案例情景概述

客户:"你好,我要投诉,我 2022 年 9 月申请了电表扩容,但是到现在都没弄好,我看我家外面的线路早就弄好了,但是一直没来给我换表。"

客服专员:"先生,您好,请问您的用电地址是哪里?"

客户:"我家在××××× 村 ×× 号,我自己家的房子,原来的单相电表不够用,需要换成三相的。"

客服专员:"好的,先生,您当时申请的应该是低压居民增容业务,麻烦您提供您的用电户名。"

客户:"马××。"

客服专员:"先生,已经查询到您在 2022 年 9 月 16 日申请过一个低压居民增容流程,申请的时候提供了哪些材料您还记得吗?"

客户:"户口本和身份证。"

客服专员:"先生,这里查询到您的流程已经在 9 月 17 日终止了。"

客户:"是的,我记得他们第二天来看了,说是改三相电没有条件,要村里去沟通还是啥的,重新架杆子,但是 2022 年底的时候我就看见电线杆子是新立的,都弄好了,上面还有线,但是一直没有给我换表。"

客服专员:"好的,先生,您的诉求我已经记录,后续由当地供电公司的人员给您处理。"

客户:"我需要今天就给我一个说法。"

客服专员:"抱歉先生,这个我没法跟您保证,不过我会把您需要今天给你答复的信息做好备注，当地供电公司看到后会尽快跟您联系。"

客户："好的，谢谢。"

客服专员核对客户诉求信息无误后将工单整理下发。

二、事件情况调查

核实出现，客户在 2022 年 9 月 16 日申请低压居民增容业务，申请容量为 24 kW，客户家原容量为 8 kW，客户申请增容后需要由单相供电改为三相供电。由于客户用电地址处没有直接装表条件，且接户线需要重新布设，客户用电地址处所在的台区变压器负荷较高，现场勘查时与当地村委会协商，决定新增一个变压器台区，重新架设线杆和线路，因该供电方案涉及政府政策和村里处理问题（场地选择、供电路径沿线的政策处理等），故前期客户经理在现场勘查时告知客户需等政策处理协商好后才能为客户增容，客户原申请的低压居民增容流程于 2022 年 9 月 17 日经客户同意终止。

此后该三相线路改造项目施工过程一直不顺利，2022 年 12 月 5 日在安装变压器新建、立杆、高低压线路铺设时，遭到村民阻挠，施工暂停，其间政策处理协调员与该村的村干部一直与村民协商，最终，该工程赶在 2023 年 1 月 10 日前竣工完成。

后经过一个春节，客户经理疏忽忘记了客户的诉求（流程终止后未及时跟踪），一直没有及时通知客户重新申请增容，最终导致客户拨打 95598 进行投诉。

下面我们一起学习这个投诉的判定要点。

一是业扩报装超时限投诉要点，即低压居民和低压非居。

1. 确认该业务为供电公司受理的业务。能在业务支持系统中查到业扩流程或确认客户通过营业厅、95598 网站、"网上国网" App、现场服务等供电公司渠道申请。

2. 确认客户类别。结合知识库询问客户，确认客户是居民或实行"三零"服务的低压非居民客户。

3. 确认整体办电环节是否超期。查询业务支持系统主动与客户查询核实申请时间是否一致，若无异议以系统为准，如果查询不到或客户不认可申请时间，以客户描述为准。规定时限以各省公司报备在95598知识库中的时限为准。浙江公司居民客户5个工作日，低压居民客户10天。（具体环节时间原则上按照公司最新文件执行）

客户有投诉意愿，且根据客户实际申请时间已经超时限，但因客户提供资料不全，故降级下派为意见工单。

最后总结出现的问题。

1. 客户经理没有与客户保持良好的沟通，未及时将现场工程进度告知客户，从客户视角来看，客户并不能理解供电公司的外线改造工程，对客户来说，能够及时通电才是最重要的。

2. 客户经理存在工作疏忽，服务意识有待加强，在客户流程终止后，没有通过其他方式把客户诉求记录下来，未能及时跟踪客户诉求，存在体外流转的风险，现场改造工程结束后，未能及时联系客户重新申请。

三、改进提升措施建议

在实际工作中有时候会面临专业线和服务线的矛盾，如业扩时限的要求和服务流程的跟踪。根据"管专业必须管服务"的原则，遵循客户经理"首问负责制"，对涉及用户申请终止的情况，客户经理可以第一时间添加客户微信，避免客户诉求遗漏，确保客户服务不断档、不掉队。

案例 7　客户信息登记错误

一、案例情景概述

客户："喂，我要投诉，你们把我的名字写错了。"

客服专员："抱歉先生，麻烦您具体描述问题。"

客户："上个月，我们小区集中交付，我收到通知让我们业主都去办新房通电，因为你们的业务我们业主不是很懂，开发商说会给我们统一办好，但是我今天交电费时发现，我的名字登记错了。我叫顾大伟，'伟大'的'伟'，但是给我写成了顾大喂，是'喂饭'的'喂'。"

客服专员："很抱歉先生，我查到了您的户名，确实给您登记错了。"

客户："现在这错误的名字不会对我的信誉造成什么影响吧？"

客服专员："不会的，先生。"

客户："如果证实是当地工作人员的失误，我需要一个说法，一个处理结果，对于这种错误必须要求一个态度。"

客服专员："好的，先生，我已经记录好，后续由当地供电公司的人员尽快给您处理，好吗？"

客户："好的。"

客服专员核对客户诉求信息无误后将工单整理下发。

二、事件情况调查

核实后得知，客户所在的小区在 2022 年 5 月 25 日办理了批量新装业务，原计划在 2022 年 12 月底集中办理交付，但当时现场交付率不高，不到 40%，开发商向供电公司提出申请，在2023年3月底前，由开发商统一收集新增交付业主的信息资料，每隔一段时间统一代办一批实名通电业务，既方便了业主，也方便开发商进行电费结算。

客户的新房在2023年3月10日由开发商代办了实名通电业务，2023年4月2日，电费出账后，客户收到了电费通知短信，短信显示客户户名为"顾大喂"，查询营销系统内客户身份证件，显示客户正确的户名应为"顾大伟"。开发商在为客户代办时错误输入了客户的名字，而供电公司工作人员在实名通电预受理环节没有仔细核对客户信息，便将流程下发，最终导致错误。

接到95598工单后，当时审核实名通电流程的工作人员联系到客户，并向其致歉，该工作人员所在的班组负责人也向客户致歉，并对该名工作人员的工作差错进行责任处理，也将处理记录反馈给客户，客户最终表示认可。

最后总结出现的问题。

因为开发商采取集中代办模式，所以同一时间受理的同类业务申请较多，工作人员为了追求工作效率，没有认真核对客户基本信息。

三、改进提升措施建议

新小区交付涉及的实名通电/过户业务，采用开发商代办模式的，供电公司的工作人员务必根据开发商提供的代办客户清单，逐户核对客户信息的准确性，确保客户信息无遗漏、无差错。

案例 8　新小区"批量停电"引发矛盾

一、案例情景概述

客户:"你好,我要投诉。"

客服专员:"先生您好,请您具体描述下您遇到的问题。"

客户:"我 2023 年 5 月 13 日申请了过户业务,之前收到开发商通知说还没办理过户的住户要统一停电,但是我已经办理了,为什么还给我停电。"

客服专员:"先生,非常抱歉,我马上帮您查,请您提供您的用电户号,在您手机'网上国网'App 的服务申请记录中有。"

客户:"330××××××××××。"

客服专员:"先生,已经查到您确实在 2023 年 5 月 13 日申请了一个过户,目前流程已经结束,您家里现在有电了吗?"

客户:"现在已经有电了,之前有人给我打电话说有一笔过户电费要交,我是在 5 月 16 日上午交的钱,但是当天下午我回家查看,家里还是没有电,所以我现在打电话投诉供电所。我要求马上给我通电,并且对供电所的失职行为严肃处理。"

客服专员:"先生,系统显示您家已经复电,您的诉求我已经如实记录,稍后会转派到当地的供电公司。"

客户:"好的,要尽快处理,而且我对你们这种停电的模式非常不认可,如果我没有看到开发商的通知,我甚至都不知道你们要停电,强烈建议你们要逐户通知。"

客服专员:"非常抱歉,先生,我立即反馈给当地供电公司,尽快给您处理。"

客户："好的，谢谢。"

客服专员核对客户诉求信息无误后将工单整理下发。

二、事件情况调查

核实后得知，客户所在小区为精装修新交付小区，当地供电公司与小区开发商协商在小区集中交付期间不实施批量停电，确保集中交付期间业主可以带电验房，集中交付期间已交付的业主办理用电过户业务，集中交付期完毕后，约定在5月15日上午9点对未办理过户业务的用电户实施批量停电，因此客户于2023年5月13日对其购买交付的房屋申请了过户业务，当地供电公司在5月14日下午通过营销系统搜索开发商户名导出来开发商户名的小区用电户清单，并在5月15日上午9点对该清单用电户统一实施"批量停电"，因为此时客户的过户流程还未结束，故客户的新房也在该批"批量停电"的用电户清单中。

5月16日9时客户结清了过户电费。

5月16日12时过户流程归档。

5月16日15时客户到家查看是否来电，发现家中无电。

5月16日16时客户家恢复供电。

5月17日9时拨打95598，此时客户并不知道家中已经恢复供电。

接到客户诉求后，工作人员第一时间联系客户解释缘由，向客户致歉，并通过采集系统核查客户家中已复电，工单最终以满意办结。

最后总结出现的问题。

1. 供电公司工作不够仔细，实施"批量停电"时，未剔除在途的过户流程，导致已申请过户业务的客户依然被停电。

2. "批量停电"前，通过开发商、物业告知停电事项有风险，但是存在客户不知情被实施批量停电的可能。

3. 客户自行申请过户业务，存在已交付但未及时办理过户被停电的情况，引发服务风险。

三、改进提升措施建议

1. 精装修小区可以采用"集中交付期间不停电，集中交付后统一停电"的模式，具体批量停电的时间由供电公司与开发商根据交付率等实际情况协商确定，不宜过晚，以免产生电费回收风险。

2. 实施"批量停电"前，停电告知应到位，考虑批量停电相关用户量较大情况，且无规范明确停电告知一定要逐户通知，建议在实施"批量停电"前，加强与开发商和物业的联动，及时获取已交付但未办理过户、现场已实施装修、未交付已住人的客户清单，对该部分客户提前3天逐一通知"批量停电"事项，尽可能降低服务风险。

3. 客户信息核对及时，实施"批量停电"时，通过营销系统导出在途过户流程，及时剔除已办理过户的客户清单，确保"批量停电"精准执行。

案例 9　一户多人口产生的误会

一、案例情景概述

客户:"你好,我要投诉。"

客服专员:"先生您好,请您具体描述下您遇到的问题。"

客户:"6月初我在国家电网 App 上申请一户多人口,提交完申请后,有一位自称供电公司的人员用座机给我打电话说我提供的资料不齐全,让我补一份我爱人母亲的居住证。6月10日我第二次申请,还是那个工作人员给我回电话说查不到我爱人母亲的居住证信息,不能办。今天上午,我到供电所下面的营业厅去了一趟,柜台的人员跟我说居住证生效期为6个月,提供居住证后也要等6个月,我不认可,来来回回我已经申请三次了,每次说法都不一样,没有一次性给我说明白,我到现在都没弄明白,派出所我也去了,居住证都办好了,还是跟我说不可以。"

客服专员:"先生,您别着急,您第二次申请是通过什么方式。"

客户:"还是国家电网 App,你们要调查处理供电所的失职行为,尽快给我办理这个业务。"

客服专员:"先生,您的诉求我已经如实记录,稍后会转派到当地的供电公司,由当地供电公司的工作人员联系您并处理。"

客户:"好的,要尽快,我老婆已经给我下命令了,'这么简单的事情,处理不好,别回家了'。"

客服专员核对客户诉求信息无误后将工单整理下发。

二、事件情况调查

核实后得知，客户于 2023 年 6 月 7 日通过"网上国网"App 申请了一户多人口新增业务，根据"一户多人口"业务办理要求，浙江省执行居民阶梯电价的"一户一表"居民用户且同一住址共同居住生活的居民（不含迁出、注销人员）累计人数满 5 人及以上即可办理此业务。工作人员审核其提供的申请材料，发现客户户口簿内仅有 4 人，未满足 5 人的要求，客户表示其岳母也同住在户口簿所在地址，但岳母的户籍地址在其他地市，工作人员通过系统调用其岳母信息显示居住信息有登记记录但已失效，根据《省发展改革委关于居民阶梯电价"一户多人口"政策执行等有关事项的补充通知》（浙发改价格函〔2021〕428 号）的相关要求，跨省、市、县（市）的流动人口申请办理"一户多人口"优惠用电业务时须提供公安部门颁发的浙江省居住证（含电子居住证），工作人员在 2023 年 6 月 7 日首次受理时，告知客户需待浙江省居住证生效方可办理，客户表示会尽快去办理。此时客户的误解已经产生。

客户于 2023 年 6 月 9 日至居住辖区的派出所办理居住证，客户告知派出所工作人员办理居住证是办理电力业务需要，派出所询问客户需要办理用电优惠业务（即一户多人口业务），为其办理了流动人口暂住登记，并告知客户公安机关盖章的暂住登记卡可作为办理用电优惠业务的凭证。此时，客户的误解进一步加深。

2023 年 6 月 13 日客户通过"网上国网"App 再次申请一户多人口业务，但工作人员在营销系统中无法查询到客户岳母的浙江省居住证电子证照，客户表示派出所告知居住证已办理成功，工作人员建议咨询××派出所办理情况，待客户拿到纸质居住证或"浙里办"中电子居住证之后再行办理，工作人员解释之后将客户流程终止，客户此时已经十分不解。

2023 年 6 月 14 日，客户前往当地营业厅咨询一户多人口业务办理情况，窗口工作人员在营销系统中无法查询到其浙江省居住证电子证照，便协助用户在手机百度及"浙里办"微信公众号查询关于居住证办理相关事宜，客户对浙江省居住证办理完之后需半年以上才能领取表示不认可（《浙江省流动人口居住登记条例》相关规定）。同时客户再次联系派出所咨询居住证办理的条件，派出所告知其如需开具已申请居住证的证明，必须客户岳母本人前去申请，客户不认可，表示已经跑了一趟派出所，随即离开了营业厅，此时客户更加疑惑，不满情绪进一步加深。

客户离开之后便拨打了95598服务热线，当地供电公司接单后，了解清楚前因后果，对客户坚持认为在派出所办理的暂住登记（客户误以为是居住证）是有效认定证明十分不解，为弄清缘由，工作人员拨打了当地派出所的电话，核实客户当时办理业务的实际情况，派出所人员回忆，客户确实只办理了暂住登记，其确实告知客户暂住登记可以作为认定"一户多人口"的凭证，最终导致客户层层误解，客户多跑路，不满情绪爆发。

最后总结发生的问题。

1. 客户在首次提交"一户多人口"申请时，工作人员通过营销系统未查询到客户有效的居住证信息，当客户询问居住证重新办理是否立刻生效时，工作人员未明确答复生效时限，仅简单告知"需待浙江省居住证生效方可办理"，客户自行判断会立刻生效，此处为误会发生的源头。

2. 派出所人员对电力业务政策的不了解使事态恶化，客户至派出所办理居住证时提出是办理电力业务的需要，结果派出所工作人员给客户错误办理成了暂住证，并告知客户可以立即使用，导致误会进一步加深，其之后到供电营业厅咨询时，第一次听到办理居住证需要6个月时，不满情绪爆发，进而拨打95598。

3. 首次受理答复口径和后续营业厅人员的专业答复给客户留下了供电公司业务标准不统一的印象，也暴露出业务人员的业务不够熟练。

《浙江省流动人口居住登记条例》相关规定如下所述。

第十六条 流动人口在居住地居住半年以上，符合有合法稳定就业、合法稳定住所、连续就读条件之一的，可以依照本条例规定申领"浙江省居住证"。

前款规定的居住时间自申报居住登记之日起计算。属于居住地县级以上人民政府规定的投资创业、引进人才的，申领"浙江省居住证"不受前款规定限制。

三、改进提升措施建议

加强对工作人员预受理环节服务技能的提升，不要简单局限于"业务告知书"上有限的内容，知其然，更要知其所以然，对超出业务规范范围的客户诉求，切忌错误引导。本案例中，当客户询问"重新办理居住证是否立刻生效"时，工作人员即使无法立刻确认，也可以妥善地答复"您好，一般新增的暂住登记需满6个月方可申请居住证，查询到您岳母之前有登记记录，重新登记后居住证是否立刻生效我们也无法确定，您这种情况我们碰到的不多，建议您到派出所办理时，以派出所的答复为准"，确保业务办理告知详尽、及时、无错漏。

第四章

电能计量

案例 1　表计错接

一、案例情景概述

客户:"喂,你好!我要投诉,我家的电表和邻居家的电表接反了,你们多收我电费。"

客服专员:"先生,请您详细说一下现场情况。"

客户:"我找物业一起看过了,我把自己电表拉闸以后家里用电正常,把邻居家电表拉掉以后我家就没有电。而且这两个月我没有来住过,这个我很清楚的,上个月10度电,这个月抄出来49度电,还会变的,那肯定有问题是不是。"

客服专员:"好的,我已经把您的问题登记下来了。"

客户:"那你们要马上来处理的呀,不然多出来的电费要么你们电力局来承担,那可以的,不然人家用电我来付钱,这个不合理呀。"

客服专员:"好的,我们尽快为您核实处理。请问您还有别的需求吗?"

客户:"没有了。"

客服专员:"好的,感谢您的来电。"

二、事件情况调查

属地工作人员接到工单后,马上联系客户并约定现场查勘时间。现场核实发现,表计确实存在表后线串户问题,工作人员现场为客户更正了表后接线,并协助客户联系邻居商讨电费退补事宜,最终得到客户满意的答复。

由于该供电所负责片区新上房产小区数量较大,工作人员来不及逐户核查户表对应情况，故将该工作交由开发商代为处理，最终交付时采取抽查方式进行现场验收，导致该小区出现错接线未整改的情况。

下面我们一起学习表计线路错接问题的意见工单判定要点。

1. 确认反馈问题的客户为供电公司客户。

2. 确认满足以下条件：客户反映自己家电表与别家电表线路接错。

总结发生的问题。

1. 工作人员表计安装过程不规范，导致出现表后线串户问题。

2. 负责验收的工作人员责任心不强，未按要求对户表对应问题进行逐户核查。

三、改进提升措施建议

1. 电费相关问题比较敏感，表计接反导致电费收取错误的情况涉及接错双方的电费退补，在日常工作中更难处理，应尽可能从源头避免此类工单的发生。在房产小区表计安装完成后，台区经理应与开发商一起逐户核对户表对应情况，如有异常应立即整改。

2. 处理表计错接串户的情况时，应首先向客户致歉，"先生/女士，不好意思，因为我们工作接线失误给您带来不便了，我现在马上帮您把接线更改正确"。更改表计接线后，应协助客户联系另一户户主协商解决电费差额问题。

案例 2　表计轮换未通知到位

一、案例情景概述

客户:"喂,你好!我要投诉,你们没有经过我的同意随便更换我家的电表,还给我停电,我冰箱里东西都化掉了。"

客服专员:"女士,请您详细说明现场情况。"

客户:"今天早上你们工作人员在换我家电表,说十几分钟就能弄好,不影响家里用电,但是下午回家发现家里没电,我冰箱里所有东西都化掉了,我冰箱里的东西都要扔掉了。"

客服专员:"非常抱歉,女士,我非常理解您的心情,您查看一下是否是您家中的空开跳闸导致家中没电呢?"

客户:"不是的,我已经看过了,家里的空开都是好好合上的。还有就是你们早上换电表也不提前说一下,家里面突然就停电了,我去推家里那个空开也没有电,跑出去一看,有人在楼道里弄我们电表箱,说是在换电表,我问他们要证件他们也拿不出来,到底是不是你们的员工,不是的话我要报警啦。"

客服专员:"好的,您的问题我已经登记,一定会尽快为您核实现场人员是否为我们工作人员。"

客户:"还有就是你们要换电表,总要提前说一声,就这么一声不响地停别人的电算怎么回事呢,礼拜一早上8点多,大家都在准备去上班,我头发吹了一半突然就没电了,你换电表前说一声,那我们商量一下晚十分钟等我出门了你再停电不是更好吗。"

客服专员:"是的,我理解您的心情,您的问题已经记录,我们会尽快核实并给您一个答复的。请问您还有别的需求吗？"

客户："没有了。"

客服专员："好的，感谢您的来电。"

二、事件情况调查

客户于20时40分拨打95598电话反映家里无电，工作人员早上表计轮换后未将表后空开复位，且工作人员在客户不知情的情况下更换了其家中的电表。

核实发现，该处于2023年5月5日发起表计轮换流程，并提前在楼道内张贴了换电表告知单，告知单中包含了此次换电表的范围，根据公司电能表计轮换现场工作规范，工作人员已至少提前三天张贴了换电表通知，这一部分的告知工作是规范的。

换电表当日早上，客户正在家中吹头发为上班做准备，由于事前没有工作人员与她联系，所以客户对于早上要停电换电表这件事毫不知情，突然断电让她有些莫名其妙，在检查自家的空开无异常并确认不是整个小区停电后，她打算去表箱处看一看是否有异常，好请供电公司人员帮忙维修。

到了表箱处发现有工作人员在表箱前工作，便上前询问他们在干什么，有没有相关证件，工作人员正在工作，回头看了客户一眼解释他们正在开展表计轮换工作，没有带证件，并表示工作马上结束，让客户等一下。

客户问工作人员为什么换电表前不联系她和她说一下，现场负责人解释，刚才有敲她家的房门，但是没有回应，以为客户不在家，所以直接开始换电表了。

这个解释引起了客户的不满，她认为不管家里有没有人都不能随便断电换电表，万一有什么不能断电的设备怎么办，而且工作人员没有为此道歉，由于客户着急上班便未过多停留，离家前询问工作人员换电表需要多长时间，是否会影响家中冰箱等不可断电的电器，工作人员答复其表计轮换时间较短，不影响用电。但工作人员换完电表后忘记将表后空开复位，造成客户家中一整天都处于断电状态。

接到该工单后，工作人员立即联系客户，就没有提前联系客户预约换电表时间及在未联系上客户的情况下直接断电开展工作致歉，并表示后续将要求所有员工外出工作必须佩戴工作证。最终得到了客户的认可。

下面我们一起学习表计轮换问题的意见工单判定要点。

1. 确认反馈问题的客户为供电公司客户。

2. 确认满足以下条件之一：客户对轮换、户表及配套设施（表箱、空开、表前线）改造的质量、设备归属、时间安排或时间长等方面存有异议；对表箱、空开、表前线等表计以外的配套设施改造存有异议；换电表前未通知换电表、未确认电能表底数及未履行签字确认手续。

计量人员行为规范问题的意见工单判定要点。

1. 确认为供电公司客户。

2. 确认满足以下条件之一：客户反映计量人员服务态度不佳，存在急慢、冷漠、不耐烦、不热情、不回应、不搭理、对客户冷言冷语等态度问题；客户反映相关工作人员服务不规范，工作过程中存在未出示相关证件、承诺未兑现、未采取有效防范措施损坏客户财物、进入客户厂区内未遵守客户厂区有关管理规定、工作结束未进行清扫清理、借用客户物品不归还、损坏客户设施、相关人员电话服务过程中无故挂断电话。

总结出现的问题。

1. 换电表前未再次通知客户，未得到客户许可，造成突然停电引起客户不满。

2. 工作人员服务不规范，现场工作未佩戴相关证件，客户询问时未及时出示证件。

3. 工作人员换电表结束后，未及时将表后空开复位。

三、改进提升措施建议

表计轮换是基层员工每年都要面对的一项工作，任务繁重，有时候为了省事，省去和客户电话联系确认的步骤。那么如何避免这样的工单出现呢？

1. 换电表前一天，电话联系客户，与客户约定换电表停电时间，并做好记录，若客户未接听电话，可以通过短信告知用户计划停电换电表时间，并做到告知工作留痕。

2. 换电表停电前，再次联系客户确认现在是否可以断电，若无法联系上客户，可通过短信方式告知用户停电时间，并在换电表结束后短信告知用户换电表事项及旧表底度数。

3. 在发生误解的情况下，及时向客户致歉。

推荐话术："先生/女士，您好，很抱歉未通过电话与您确认停电时间，由于前期多次拨打您的电话均无人接听，我们通过短信方式告知您停电时间，很抱歉给您带来不好的体验，本次换电表将在××分钟内结束，结束后将马上为您通电。"

4. 换电表前、后都留存一张表计及空开的照片，并将当天轮换完成的照片汇总，由班组内另一名员工复核，确保轮换当天的表计接线正确、空开恢复原状态，避免造成忘记合上空开或误将空开合上的情况。

案例 3　电表校验超时

一、案例情景概述

客户："喂，你好！我要投诉，我的验表结果到现在都没人告诉我。"

客服专员："好的，先生，请您详细说一下情况。"

客户："我上个礼拜五在营业厅办理的电表校验，今天已经礼拜六了，一个多礼拜了，到现在我都不知道我的表到底准不准，是不是有什么猫腻，所以一直不给我看结果啊，我怀疑你们的电表有问题，我要投诉。"

客服专员："抱歉先生，给您带来不好的体验，请问您当时在营业厅留的电话是您本人的吗？"

客户："是我本人的，他们中间给我打过电话的，但是没告诉我结果。"

客服专员："好的，那麻烦您核对一下，是否收到相关的短信告知您验表结果呢？您的手机有没有开短信拦截功能？"

客户："没有，肯定没有，他们就是没有告诉我。"

客服专员："好的，再次抱歉给您带来不便，我们马上核实情况，并尽快给您答复。请问您还有别的需求吗？"

客户："没有了。"

客服专员："好的，感谢您的来电。"

二、事件情况调查

核实后得知，客户于 2023 年 1 月 6 日在供电营业厅办理了申请检验业务，办理时资料齐全且用户留的电话为本人电话。工作人员 1 月 8 日上午收到该申请后第一时间联系客户预约了现场校验时间，现场校验结果为合格，但客户不认可这个结果，依然认为自己的表计多计了电量，要求工作人员将表计送至上一级部门再次校验。于是工作人员应客户要求于 2023 年 1 月 10 日将电表送至更高一级表计校验中心校验，校验结果出具的时间为 2023 年 1 月 12 日，结果为合格。

按照该业务流程，此时工作人员应该联系客户告知其验表结果，再结束验表流程，由于当天已是该表计校验流程的第五个工作日了，第二天这个流程就将超期，于是这名工作人员在没有告知用户的情况下直接将流程结束，在流程结束后却忘记拨打电话将结果告知用户。

两天后，客户等得实在没有耐心了，于是拨打了电话 95598，此时距离发起这个验表申请已经过去 6 个工作日，根据投诉判定规则，已经超出了 5 个工作日内出具检测报告，答复校验结果的时限。

下面我们一起学习电表校验超时问题的投诉工单判定要点。

1. 确认反馈问题的客户为供电公司客户。

2. 确认校验电表申请是供电公司受理的。非客户自行找第三方校验电表。

3. 确认客户未收到校验结果且已超期。以知识库校验结果通知方式为准，与客户核实未收到相关通知。根据业务支持系统查询确认受理时间、目前流程，辨别确认已经超时限；系统查询不到通过客户描述确认。

总结出现的问题。

1. 工作人员为避免系统流程超期，在未联系客户的情况下先结束了流程。

2. 工作人员责任心不强，红线或底线意识较为薄弱，造成忘记通知客户的情况发生。

三、改进提升措施建议

这是非常典型的表计校验结果告知不及时的案例，那么在日常工作中如何避免此类投诉的发生呢？

1. 加强闭环管理。严格要求工作人员按照业务流程规范开展工作，不论通知客户的工作由谁完成，处理流程的工作人员只有在得到客户明确答复已知晓验表结果的情况下才能结束系统流程，通过管控流程时限从源头避免投诉的发生。

2. 若得到结果的时间是晚上或一直联系不上用户该怎么办呢？可以先编辑一条短信告知用户验表结果，并在第二天拨打客户电话再次告知，确保客户知晓结果。

案例 4 　轮换漏户

一、案例情景概述

客户："喂，你好！我要投诉，你们不给我们家换电表。"

客服专员："抱歉先生，请您详细说一下现场情况。"

客户："前两天小区里贴了要换电表的通知，然后现在别的人家都换了，就我们家没换，为什么呢？"

客服专员："您看到的换电表通知上写出换电表范围了吗？"

客户："有的，说整个小区都要换电表。而且我打通知单上的电话都没人接听。"

客服专员："好的，您的问题我已经登记，我们一定尽快核实并给您一个答复。请问您还有别的需求吗？"

客户："没有了。"

客服专员："好的，感谢您的来电。"

二、事件情况调查

核实后得知，客户家的电表还未到轮换年限，实际不需要轮换，但客户所在这幢楼中大部分住户都需要进行表计轮换，于是工作人员为了省事，直接把换电表范围填成了整栋楼，也就把所有的客户都包含在内了，导致客户误认为自家的表计应换却未换。

于是客户想拨打换电表通知单上的电话问清楚，是不是漏掉了自己家，什么时候来补。由于当时工作人员正在工作，没有接到客户来电，一直打不通电话让客户的情绪更加激动，便拨打了电话95598反映问题。

接到工单后，工作人员第一时间联系了客户，根据客户信息查询发现客户的电表还未到轮换年限，不需要更换，于是工作人员联系客户就换电表告知单上的轮换范围错误向客户致歉，安抚客户情绪。

现场的工作人员在工作结束后也第一时间回拨了未接来电，向客户道歉并解释刚刚在工作未及时接听客户电话，最终得到了客户的理解。

下面我们一起学习表计轮换问题的意见工单判定要点。

1. 确认反馈问题的客户为供电公司客户。

2. 确认满足以下条件之一：客户对轮换、户表及配套设施（表箱、空开、表前线）改造的质量、设备归属、时间安排或时间长等方面存有异议；对表箱、空开、表前线等表计以外的配套设施改造存有异议；换表前未通知换表、未确认电能表底数及未履行签字确认手续。

总结出现的问题：工作人员表计轮换告知工作不规范，将无需轮换的用户包含在轮换范围内进行通知，造成客户误解。

三、改进提升措施建议

接到工单后，工作人员的处理还是非常值得学习的，当客户情绪激动时，我们一定要做好安抚工作，避免事情扩大化。

推荐话术："非常抱歉，先生/女士，由于我们的工作失误给您带来不便，后续我们将进一步加强管理，严格执行工作要求，避免这样的差错给您和其他人造成误解。"

那么，我们要如何在源头上避免这样事情的发生呢？

1. 进一步规范换电表通知单的书写，如果一幢楼内不是全部用户都需要进行轮换，通知单中要标注清楚，避免客户误解。

2. 每张贴一张换电表通知单都要复核，确定换电表通知单上的用户都是需要轮换的用户，避免通知错误。

案例 5　表计位置不合理

一、案例情景概述

客户："喂，你好！我要投诉，你们供电公司把我的电表装在很低的地方，小孩子都碰得到，这多危险，我要求把它移走。"

客服专员："先生，麻烦您详细说一下现场的情况。"

客户："我新申请了一块电表，今天供电所的人说来安装，我上班不在家，就让他们直接安装了，结果我回来一看，安装电表的那个地方距离地面也就六七十厘米吧，反正很低的，我们家有小孩子的，这个表装在那里很危险的。"

客服专员："抱歉先生，给您带来不好的体验，工作人员装表前跟您确认装表位置吗？"

客户："他是给我打电话了，但是没有跟我说装在哪里，我本来想着你们平时装那么多电表，应该知道装在哪里的。没想到给我装得这么低。"

客服专员："好的，先生，您的问题我已经记录，我们马上核实情况，尽快给您一个答复。请问您还有别的需求吗？"

客户："没有了。"

客服专员："好的，感谢您的来电。"

二、事件情况调查

核实后得知，装表当天上午，工作人员电话联系客户确认装表时间，由于客户说自己今天不在家，请工作人员直接安装即可，所以工作人员到达现场后没有再次联系客户确认装表位置。现场勘查发现，该墙面合适高度已无装表位置，工作人员与物业沟通是否可以装在边上的墙面上，物业答复不可以。由于将表装在较高的地方对客户后续的查看及工作人员的维护都较为困难，于是工作人员就把电表装在了离地面较低的位置。

下面我们一起学习计量装置安装问题的意见工单判定要点。

1. 确认反馈问题的客户为供电公司客户。

2. 确认满足以下条件之一：

（1）客户反映对安装计量装置容量不认可等问题；

（2）客户反映计量（表）箱柜破损；

（3）客户反映计量（表）箱柜安装位置不合理；

（4）客户反映自己家电表与别家电表线路接错。

总结出现的问题。

1. 电表安装前，工作人员未与客户确认装表位置。

2. 工作人员对表箱安装位置规范的掌握程度不足，为求方便，将表箱安装在了有安全隐患的地方。

三、改进提升措施建议

1. 表计安装前应与客户确认装表位置，如遇客户不在家的情况，也不得擅自决定装表位置，可通过拍照确认等方式得到客户认可后再安装。

2. 一定要熟练掌握表计、表箱安装的规范，避免图方便等主观原因将表计、表箱安装在有安全隐患的地方。

第五章

营业厅服务

案例 1　营业厅营业时间、服务项目问题

一、案例情景概述

客户："喂，你好，我要投诉，我 12 点 15 分左右，前往国网××供电营业厅办理更名过户业务时，里面有服务人员告知现在只有一个人在，不办理任何业务，且不戴口罩不让我进。"

客服专员："您好，先生，请问您去的是地址在××省××市××区××路的国网××供电营业厅吗？"

客户："是的，就是这个营业厅，我就想问问，你们是否所有营业厅都要求不戴口罩不让进吗？还有中午 12 点 15 分是不是不办理任何业务？"

客服专员："请稍等，我马上帮您查一下。""您反映的营业厅我已经查到了，营业时间是 8：30 至 16：30，无周休日，法定节假日休息。因处于疫情期间，为了彼此的安全考虑，营业窗口办理业务仍需佩戴口罩，因之前给您带来了不好的体验，向您表示歉意。"

客户："要戴口罩这个事情我理解，也愿意配合的，但我大中午跑到营业厅办业务，结果告诉我中午不办业务，这让我无法接受，大热天的谁愿意来回跑？"

客服专员："您的心情我们非常理解。我立即将您的情况向当地反映，尽快安排工作人员为您处理。"

客户："好的，谢谢！"

客服专员："请问您还有别的需求吗？"

客户："没有了。"

客服专员："好的，感谢您的来电。"

二、事件情况调查

核实后得知，客户近期购入"浙江省××市××区××室"，需至供电营业厅办理过户业务。7月6日12点15分左右，客户前往××营业厅办理业务，因为未佩戴口罩，保安未让客户进入营业厅内。由于是中午时间，柜台只安排了1名值班人员，同时内勤安排1人备班。当时保安在营业厅门口询问柜台值班人员客户未佩戴口罩是否可以进入，柜台人员本能地答复只有1人无法出去对接客户，保安再次向柜台确认没有佩戴口罩是否不能进入大厅，柜台人员答复"不行的"，于是客户便很恼火地离开了。

在这起事件中，客户因未佩戴口罩至营业厅办理业务，工作人员在拒绝其进入营业厅的情况下，没有及时解决客户问题，导致客户误会，引发客户投诉。

下面我们一起学习营业厅服务问题（服务项目、营业时间、营业窗口开放数量、设施问题）的判定要点。

1. 确认所反馈的营业厅为国网公司营业厅。知识库确认其属于国网营业厅或客户表示有国网公司标识及铭牌。

2. 确认满足以下条件之一：客户反映对外公示的服务项目与实际提供的不符；客户反映对外公示的服务时间与实际服务时间的不符；客户认为营业窗口开放少；客户反映营业厅设施存在问题。

最后，××营业厅工作人员再次联系客户，向客户致歉，解释营业厅中午可以办理业务，客户没有佩戴口罩，本应由工作人员出门为其办理，但因当时该名工作人员没有表达清楚导致客户误会。工作人员的解释得到客户的认可。

最后总结发生的问题。

1. 客户对不佩戴口罩营业厅不让进表示不满。营业厅未严格执行《国网浙江省电力有限公司供电营业厅运营规范》中的"营业厅前台业务繁忙或前台人员需要离开时应动态调配后台人员至前台"的相关工作要求。投诉当天，柜台值班人员虽然只有1人无法离柜，但并没有及时通知后台备班人员或班长跟进处理。遇到该类问题，柜台理应主动提供出门对接服务或请保安协助将客户需要办理的业务内容及材料提供给柜台值班人员，不能因为客户没有佩戴口罩而拒绝为客户办理业务。

2. 客户对营业厅中午不办理业务表示不满。营业厅未严格执行《国网浙江省电力有限公司供电营业厅运营规范》中的中午时间段相关工作要求。根据规范，A级、B级营业厅午休时间段值班期间客户代表不能少于2人，并提供全程引导服务，主动为客户提供指导。客户投诉当天柜台只安排了1人，并且无引导服务，虽内勤有1人备班，但备班人员不在营业厅内，无法了解营业厅实际情况，且遇到紧急情况不能及时跟进处理。

3. 疫情期间，保安只检查了客户的绿码，对进营业厅办理业务的客户只做到了提醒佩戴口罩，并未配合营业厅解决实际问题。发现客户情绪不对时，保安没有及时安抚客户，导致事态升级。

三、改进提升措施建议

1. 组织营业厅进行自查自纠，对此次投诉暴露的问题进行分析整改，并修改营业厅班组管理方式，重新安排营业厅中午值班人员排班，取消内勤备班人员，安排2人上岗（包括引导），杜绝此类事件的发生。

2. 加强宣传教育，提升营业厅工作人员、营业厅保安的沟通技巧，提高营业厅工作人员、保安应对突发事件的应变能力。做好应急处理方案，遇到突发或紧急事件及时联系精英主管或班长后继跟进。

3. 加大对营业厅音视频监控力度，杜绝类似事件发生。

案例 2　营业厅人员服务态度问题

一、案例情景概述

客户:"喂,你好,我要投诉,我今天到××供电营业厅办理业务时,两名女性柜台人员态度不是很好,眼睛斜来斜去,很不耐烦。"

客服专员:"您好,女士,请问您去的是地址在××省××市××区××路的国网××供电营业厅吗?"

客户:"是的,就是这个营业厅,当时我问了很多问题,工作人员说不清楚,让我自己去咨询,这不就是推诿吗?"

客服专员:"您的心情我们非常理解,很抱歉给您带来不好的服务体验。"

客户:"我觉得这个事你们可以开会批评一下,太不专业了。"

客服专员:"我会马上将您的情况向当地反映,尽快安排工作人员为您处理。"

客户:"好的,谢谢!"

客服专员:"请问您还有别的需求吗?"

客户:"没有了。"

客服专员:"好的,感谢您的来电。"

二、事件情况调查

核实得知,客户陈女士和丈夫于 2021 年 2 月 1 日 13 时 45 分前往××营业厅咨询办电事宜,业务受理员××接待了陈女士(当时受理员××并未起身迎接陈女士)。陈女士表示其厂房(户号:×××,户名:×××照明电器有限公司）需对外出租，现变压器容量为 400 kVA，租客需用变压器容量约为 200 kVA，咨询减容办电流程及后续再增容相关问题。当陈女士提出减容是否需要更换变压器时，因业务受理员不熟悉现场设备，无法准确回答，故转头与另一名业务受理员讨论，在讨论过程中长期未正面朝向客户，讨论后业务受理员××回复：需要更换变压器（但是回复语气不够专业和肯定）。紧接着，陈女士又问：需要多少钱，如果后续再增容是否还需要额外费用？受理员××语调较高地回复：这个问题我们不清楚的，要你们自己弄的（需客户自行找施工单位）。最后，陈女士又问：后续增容是不是又要产生费用？受理员××答道：是的，但是如果你们旧变压器检测合格后仍然可以使用。

后陈女士与丈夫讨论了一番，在此过程中，业务受理员××也建议陈女士可以咨询所里的高压客户经理以便得到更好的解决方案，并将客户经理联系方式留给陈女士，陈女士未记录。陈女士于 13 时 55 分离开营业厅，随后拨打投诉电话。

这起事件中，受理员对业务知识掌握不全面，在与另一位受理员讨论前未先向客户致歉。客户等待多时后也未做好客户的安抚工作，沟通技巧不足，缺少礼貌文明用语的使用，态度生硬，引发客户投诉。

下面我们一起学习营业厅人员服务态度问题的投诉判定要点。

1. 确认客户反馈的工作人员为供电营业厅工作人员。确认其是为客户提供用电服务、与客户发生服务接触的工作人员（除保安、保洁人员）。

2. 确认事件发生在营业时间内。

3. 确认工作人员出现服务态度差行为。服务中（含电话服务）存在推诿搪塞、谩骂、威胁、侮辱客户，使用不文明、不礼貌用语回复客户，与客户争吵、发生肢体冲突等行为。

4. 确认符合事件时限。客户反映以上事项在 3 个月以内或超过 3 个月但客户可以提供证据的。

5. 确认排除以下情况：无正当理由对前期回单不认可、对国家或公司相关政策不认可、欠费未交导致停电等供电公司未满足其不正当诉求引发的服务态度问题。

最后，××所所长于 2 月 2 日下午与陈女士当面沟通，向其表达歉意，详细说明办理相关业务的流程，并预留客户经理联系方式，以方便陈女士所需供电服务，陈女士表示认可。

最后总结产生的问题。

1. 业务受理人员对高压减容业务知识掌握不全面，在与另一位受理员讨论前未先向客户致歉。客户等待多时后也未做好客户的安抚工作，引起客户不满。

2. 业务受理人员沟通技巧不足，缺少礼貌文明用语使用，态度生硬。在客户咨询施工单位等涉及"三指定"问题时，未向客户耐心解释，只是让客户自行联系咨询，再次造成客户强烈不满。

3. 业务受理人员在没有完整答复客户高压减容业务流程情况下，未及时联系客户经理咨询。也未主动留下客户电话告知客户会有工作人员主动联系解决处理，造成客户咨询无果。

4. 服务风险防控不到位，业务受理人员未能有效处理客户咨询诉求且在客户存在不满情绪时，没有及时向营业厅后台汇报并寻求解决方案，导致情况升级。

三、改进提升措施建议

1. 持续做好服务规范要求的学习和宣贯，高度重视服务类问题的核查整治，要求基层所站组织开展各岗位基层员工服务规范要求宣贯，加强投诉判定规则中服务类投诉判定要点的解读学习，明确服务不规范行为，严格执行工作规范要求。

2. 持续开展窗口人员服务规范提升培训。加强营业厅窗口人员专业技能学习，通过建立营业厅专业知识共享盘，滚动编制新业务应知应会手册并将其纳入日常培训范围，定期开展业务培训和专项礼仪培训，夯实窗口人员服务基础，提高窗口人员沟通技巧。结合各级明察暗访，开展包括电话拨测、交叉检查和业务拷问等形式的自查自纠活动，督促营业厅人员逐步规范服务行为。

3. 稳步提升一线员工责任意识。强化基层一线员工服务闭环意识，对客户诉求及时处理沟通，并注重处理问题时的方式方法，服务隐患的正确处置，保证客户对一线工作人员的态度、方式和处理结果的满意度。针对服务问题持续开展班子会、班组会专题学习，将服务作为一项基本、基础的业务落实好。

4. 加大服务类投诉的问责考核通报力度。服务态度类投诉为公司红线问题，并定性为严重违规行为。加大服务类有责投诉考核通报力度，逐个核查各单位考核落实情况，对绩效考核落实不到位或未落实到责任人情况进行严肃通报、双倍考核。通过考核方式督促基层单位着力做好管控，严禁出现使用不文明用语、搪塞推诿、质问反问、威胁客户等恶劣情况。

案例 3　营业厅搬迁工作衔接不到位

一、案例情景概述

客户："喂，你好。"

客服专员："您好，女士。请问有什么可以为您服务的？"

客户："我要投诉，投诉××供电所的营业厅。"

客服专员："请问您投诉那个营业厅的原因是什么？能讲一下具体情况吗？"

客户："好的。今天我去××供电所的营业厅拿增值税发票，到了那边后工作人员说营业厅已经搬迁了，发票要到新地址去拿。然后我就按照他们给的地址去到新的地方，可到了那里之后工作人员说这个月的发票还在老地方，要到原来地址的营业厅拿，你说气人不气人。"

客服专员："非常抱歉给您造成了麻烦。"

客户："对呀，他们根本就没把我们客户当回事，一点也不负责任。今天这么一来，不仅浪费了我的时间和精力，白跑一趟不说。关键是马上就到月底了，我还急着要做账呢。所以我一定要投诉，向你们反映下这个问题。而且我也不想跑来跑去了，麻烦尽快给我解决发票的问题吧。"

客服专员："好的，您反映的问题我已经登记。还要麻烦您确认，这个营业厅是××市××区××街道的××营业厅对吗？"

客户："对的，就是这个。"

客服专员："好的，请保持您的手机在线，方便工作人员联系。您还有别的问题反映吗？"

客户："没有了。"

客服专员:"好的,感谢您的来电。"

二、事件情况调查

核实后得知,2月26日朱女士和往常一样来到××街道××中路188号××营业厅领取增值税专用发票,实际该营业厅因供电所搬迁至××街道××路7-1号。××供电所于2月19日起就已在原营业厅门口张贴营业厅搬迁公告,2月26日那天该营业厅实际已退出正常运行。朱女士也看到了张贴在门口的搬迁公告,但公告中并未提及增值税发票领用相关工作事宜的安排。为做好搬迁过渡期的服务工作,××供电所在原营业厅仍留有2名工作人员,朱女士便向现场工作人员询问发票领取事宜,得到的答复是要到新址的营业厅领取。于是朱女士便直接前往新址的营业厅,但到了那里后,营业厅的工作人员核实后告知其2月的增值税发票仍存放在原营业厅,需要从原营业厅领取。

营业厅搬迁原本是一件很正常的事情,只要公告到位,内部工作衔接好,无论业务是在原营业厅办理还是要到新营业厅办理,客户都是能理解的。但是朱女士这次明明到了原营业厅是可以领取发票的,却因为工作人员草率而不负责任的答复,不仅让朱女士白跑了一趟,而且当天还拿不到发票,引发客户强烈不满,引发服务投诉。其实原营业厅的人员当时给新营业厅的人员打个电话主动询问或有这么个客户要拿发票,提前找一下准备好,当时也能及时发现问题,避免投诉事件发生。

下面我们一起学习营业厅人员违反员工服务规范等有关规定的行为判定要点。

1. 确认客户反馈的工作人员为供电营业厅工作人员。确认工作人员是为客户提供用电服务、与客户发生服务接触的工作人员(除保安、保洁人员)。

2. 确认事件发生在营业时间内。

3. 确认工作人员出现服务违规行为。服务中(含电话服务)未履行一次告知制和首问负责制造成客户重复往返、营业窗口人员做与工作无关的事、工作时间饮酒及酒后上岗、泄露客户信息、投诉工单未在24小时内联系客户。

4. 确认符合事件时限。客户反映以上事项在3个月以内或超过3个月但客户可以提供证据的。

5. 确认排除以下情况：无正当理由对前期回单不认可、对国家或公司相关政策不认可、欠费未交导致停电等供电公司未满足其不正当诉求引发的服务规范问题。

最后，××供电所营业厅工作人员于2月27日上午为客户送去所需发票，并就前一天的情况向客户再次解释并致歉，客户表示认可。

在这个事件中我们看出，营业厅的服务工作还是存在不少问题的。

1. 营业厅搬迁相关业务管理不到位、不细致，对发票领用等具体业务在搬迁公告中没有细化明确告知，也没有在工作人员中做好合理衔接安排，造成工作人员对具体业务在哪里办理不清楚。

2. 工作人员主动服务意识欠缺，没有落实好首问负责制，当客户来到原营业厅领发票时，工作人员没有和新营业厅联系确认并将客户需求告知对方，而是直接将错误结果答复给客户，造成客户重复往返。

3. 服务风险管控和应急处置不到位，客户到达新营业厅后，工作人员发现发票需要在原营业厅领取，未对已经给客户造成的不便做好情绪安抚，未落实"最多跑一次"要求帮助客户解决诉求，仅告知客户到原营业厅领取，增加了客户的不满情绪，造成投诉。

三、改进提升措施建议

1. 细化营业厅搬迁相关业务衔接及对外公告等工作。事前应充分分析营业厅搬迁存在的服务风险点，制定营业厅搬迁整体工作方案，明确各项业务的办理点和内部工作衔接要求，组织相关人员学习，做到心中知晓，并提前在营业厅张贴公告，做好客户告知工作，避免因营业厅搬迁造成用户重复跑的问题。

2. 加强营业厅人员主动服务意识。严格落实"首问负责制"和"最多跑一次"要求，主动询问，第一时间了解客户的真实诉求，并坚持"内转外不转"原则，积极主动为客户做好服务，而不是一推了之。

3. 提升风险防范意识，完善应急处置机制。加强营业厅人员服务投诉典型案例学习，提升应急处置能力，遇到无法处置或特殊敏感客户时注意沟通方式方法，必要时及时向班长、所长等领导反映，其可介入沟通安抚客户情绪，避免事态风险升级。

案例 4　营业厅服务一次性告知不到位

一、案例情景概述

客户:"喂,你好,我要投诉你们营业厅的工作人员,服务态度太差了。"

客服专员:"您好,先生。请问您要反映的这个营业厅是哪里的营业厅?"

客户:"是××营业厅,地址是在××市××区××弄108号。"

客服专员:"好的,营业厅的信息我已查到了。请问您具体要投诉的事情是什么?"

客户:"我要办理一户多人口业务,为了这个事我来来回回跑了好几趟,但是这个营业厅工作人员要我提供这个证明那个证明的,一直办不了,哪有这样服务的呀!"

客服专员:"您能讲一下具体情况吗?"

客户:"好的。我第一次是带着户口簿、身份证去的,到了××营业厅申请一户多人口业务,工作人员告知需要提供我和我母亲的关系证明,我当时问哪里可以开这个证明,工作人员说可以去村委开。后来我就去村里啦,开好了证明,我第二次到那个营业厅,业务一开始她们已经受理了。可后来又说不行,需要公安机关的证明。行吧,那我就按照她们的说法又跑一趟派出所,可是派出所给我的答复是不开这样的证明了。那我这个业务难道就不能办啦?这不是在戏弄我嘛,一来要我去村委,一来要我找公安机关,可都没用呀。我要投诉她们,哪有这样的,明显是在刁难我。"

客服专员:"非常抱歉,给您带来了不好的体验。也就是说您跑了好几趟,一户多人口的这项业务目前仍没有办理好,是吧?"

客户：“是的，这个事一定要给我个说法。”

客服专员：“好的，您反映的问题我已记录，请您保持手机畅通，方便工作人员联系。您还有别的需要反映吗？”

客户：“没有了。”

客服专员：“好的，感谢您的来电。”

二、事件情况调查

核实得知，客户洪先生于4月25日带着户口簿、身份证第一次去××供电营业厅申请办理一户多人口业务。因人员名单中包括其母亲的名字，工作人员告知客户需开具客户和其母亲的关系证明。当询问哪里可以开具证明时，工作人员告知洪先生可以去村委开证明。4月28日客户到了村委开好证明后再次去××供电营业厅办理业务，当时窗口正常受理了客户的申请。但根据最新的一户多人口优惠用电政策，"人户分离"人员需要提供由公安部门开具的证明盖章件，后来工作人员就告知客户之前的资料不行，还需要公安机关的证明。当天该项业务未能正常办理。

目前一户多人口业务是客户来营业厅办理较多的一项业务，营业厅工作人员应熟悉掌握相关政策要求。显然，客户第一次到营业厅的时候，营业厅工作人员业务知识掌握不扎实，没有正确履行一次性告知工作，准确告知相关资料提供要求，造成客户重复往返。

下面我们一起学习有关"人户分离"人员申请办理一户多人口业务知识要点。

对户籍与实际居住地址不一致且无法办理浙江省居住证的"人户分离"人员，申请人（户主）如能提供与"人户分离"人员为直系亲属［包括配偶、父母（公婆、岳父母）、子女及其配偶、祖父母、外祖父母、孙子女（外孙子女）及其配偶、曾祖父母、曾外祖父母］的相关合法关系证明［包括出生证、结婚证、劳动人事局盖章的人事档案、户口迁出后能体现直系亲属关系的原户口簿、属地公安部门开具的证明盖章件（需包含申请人姓名、身份证号、直系亲属关系）等］，并承诺实际居住在同一用电地址后，可享受浙江省现行的居民阶梯电价"一户多人口"政策。

后来客户又去了当地派出所，派出所答复已不开具此类证明。此时，客户的不满情绪进一步增加，跑了两次不仅没办好，这次派出所的证明也开不了。客户想想实在气不过，于是在5月2日晚上拨打95598进行了投诉。

接到工单后，工作人员及时联系客户并仔细解释了居民阶梯电价"一户多人口"政策，并就之前营业厅工作人员告知工作失误给客户造成的麻烦表示歉意，同时表明并不存在故意刁难客户的情况。同时对客户表述称属地公安部门已不再开具此类证明盖章件的情况及时向上级部门反馈。最后，在事实清楚的前提下，按最初告知的要求给客户办理了一户多人口业务，客户表示认可。

此事件中，营业厅工作人员主要存在以下问题。

1. 工作人员业务不熟练，一次性告知工作不到位。针对客户办理的业务，没有对该项业务的具体收费标准要求准确做好一次性告知，造成客户重复往返。

2. 对工作差错引起的服务投诉风险敏感性不强，落实"最多跑一次"的要求执行不到位。客户第二次来营业厅的时候，工作人员实际已经知道第一次告知存在问题，但未引起足够重视，没有对前面的问题做好解释沟通工作，而是简单地告知其业务不能办理，需要公安部门的证明资料，引起客户不满。

三、改进提升措施建议

1. 加强营业厅人员业务知识和政策的学习培训。通过周会、电话拨测、日常考问等形式，持续提升营业厅人员的业务技能水平，促使工作人员做到常学常新，规范办理并解答客户诉求。

2. 严格落实最多跑一次要求，执行一次性告知制。根据客户办理的具体业务，按照一次性告知书内容全面准确做好告知工作，并提供书面告知书，由客户签收确认。

3. 提升营业厅人员服务敏感意识，防范投诉风险。加强业务办理过程中一些敏感客户和服务事件的研判，对可能存在投诉风险的，应及时做好应急处置，加强客户有效沟通，积极推广属地电话畅通联系沟通渠道，通过微信线上或现场上门收资等形式，方便客户，及时化解客户不满情绪，防范风险升级。

案例 5　营业厅自助设备维修不及时

一、案例情景概述

客户："喂，你好。"

客服专员："您好，先生。请问有什么可以帮您？"

客户："有个事需要向你们反映，比较急的，看看能不能给我尽快解决一下。"

客服专员："好的，您请讲。"

客户："是关于我电费发票的事情。我单位里电费发票比较多的，而我平时因为上班不太有时间去营业厅柜台打印发票。所以平时我就到××供电营业厅的自助设备那边自己来打印。上个月我前往这个营业厅的自助机器开票，其中一台没有A4纸，一台用不了，一台没有墨，我当时就到营业厅柜台跟他们反映了这个问题，他们说会尽快修好。"

客服专员："您反映的营业厅是××市××县××路56号的××供电营业厅，是吗？"

客户："是的，就是这家营业厅？"

客服专员："那他们有修好机器吗？"

客户："没有呀，修好了我就不会打你们的电话了。都快过去一个月了，我今天过来打发票，总共3台机器，其中两台打印成功但不出纸，第三台还是没有墨。而且这个地方停车也比较困难，耽误了我好多时间呢。答应得好好的，说会及时修复机器，可过了这么久却还是老样子，这样的工作效率也太低了。我要投诉，投诉他们不作为。"

客服专员："非常抱歉，给您带来了不好的体验。"

客户："这个事情我真的很着急，单位里要做账，还请你们尽快帮我反映解决。"

客服专员："好的，您反映的问题我已经记录。我们尽快联系当地工作人员给您服务。请问您还有其他需要反映的问题吗？"

客户："其他问题没有了。"

客服专员："好的，请您保持手机畅通，方便工作人员联系。感谢您的来电。"

客户："好的，谢谢！"

二、事件情况调查

核实后得知，3月9日傍晚，客户李先生到位于××市××县××路56号的××供电营业厅旁边的24小时自助设备处打印电费发票，当时3台机器，没有一台能打印成功。该客户2月来此处打印电费发票时也存在设备无法打印的问题，便将情况反映给营业厅的工作人员，工作人员答复尽快修复。实际该处设备工作人员也已联系设备厂家维修，并能正常使用。但因该处24小时自助机器平时使用较多，造成机器又存在卡纸及墨水较少的情况。

客户到此处打印发票时，营业厅已经下班，现场无工作人员可为客户当即解决问题。加上客户上次来的时候设备也不好，且已反映过这个问题，所以客户认为是工作人员不作为，心中产生不满情绪，进而拨打电话投诉。

接到工单后，工作人员立即联系客户，并就自助设备无法打印发票的原因向客户解释说明，即不存在上次反映的设备问题没有维修的情况。同时对当天客户确实无法在自助设备上打印发票的事致歉，并立即协调安排人员对故障设备进行修理，于19时30分维护好了三台自助机器，可以打印发票。有关设备修复情况及时告知客户，并表示日后会增加对自助机器设备的日常巡检频次，及时关注使用情况，确保用户正常使用。为避免客户重复往返，工作人员为该客户办理了发票邮寄，客户表示认可。

该事件暴露出营业厅对自助设备的管理还比较欠缺。

1. 自助设备巡视检查工作不到位。工作人员未按规范要求定期开展设备巡视巡检工作，未能及时发现设备异常状况并做好告知，造成客户不知晓，到了现场又无法办理发票打印等相关业务，引起客户不满。

2. 客户反映问题解决处理不闭环。针对本次事件中客户反映的自助设备问题，虽然工作人员已联系设备厂家修理，但处理结果并未告知反映人，造成客户第二次到现场开票时设备仍存故障，从结果上让客户认为反映的问题没得到解决，这加重了客户不满情绪。

三、改进提升措施建议

1. 加强营业厅自助设备的巡视检查，做到每日一巡检，当设备使用有异常时及时联系设备运维厂家处理，在规定时限内修复，确保设备尽早正常使用。未修复前在故障设备处张贴检修告知，附上营业厅工作人员电话，方便客户联系，协调处理客户服务需求。

2. 重视客户反映问题的登记及处理闭环工作。营业厅人员对客户反映的问题要做好全过程跟踪管控，及时掌握处理进度，相关处置结果应及时反馈给反映人，实现工作闭环，避免客户认为问题未处理。

案例 6　营业厅业务办理等待时间过长

一、案例情景概述

客户："喂，你好。"

客服专员："您好，先生。请问有什么可以帮您？"

客户："我想跟你们反映一下，你们营业厅排队排得太长了，就不能多开几个窗口吗？"

客服专员："好的，请问您去的是哪个营业厅？"

客户："××营业厅，而且你们工作人员办理业务太慢了，半个小时也办不完一个人的业务，我们后面那么多人在排队，几十人在等，急都急死了，营业厅5个窗口只有一个人上班，我们都很赶时间的，哪有那么多时间来排队，你们多安排几个人来上班嘛。"

客服专员："先生，很抱歉给您带来困扰，请问您大概什么时候去的营业厅呢？"

客户："下午两三点的时候吧，又不是休息时间。"

客服专员："好的，我们马上下发工单核实，麻烦您保持电话畅通，会有工作人员与您联系，请问您还有别的诉求吗？"

客户："其他问题没有了。"

客服专员："好的，感谢您的来电。"

客户："好的，谢谢！"

二、事件情况调查

核实后得知，客户反映的营业厅为 C 级供电营业厅，对在岗人数无明确要求，厅内实际设置的是 3 个业务办理窗口，同时可有 3 人进行业务办理，根据该营业厅的日平均业务量，一般安排 2 人在岗受理业务。

通过音视频监控可以看到，当天该营业厅确实有 2 名工作人员在岗，但 14 时 30 分以后，其中一名工作人员在厅内对终端缴费机内的电费进行解款并将该电费送至银行缴存。在该名工作人员外出办理电费缴存期间，刚好有较多用户来营业厅办理用电业务，所以出现了客户所反映的营业厅只有一个人上班，很多人在等的情况。

另外，客户还反映工作人员办理业务慢，造成等待时间较长的问题。实际上，当天确实有一位用户因提供资料不全造成咨询时间较长，但在合理办理时限内。15 时 30 分，外出缴存电费的工作人员便回到营业厅进入柜台开展业务受理工作。

该事件暴露出营业厅对客户突增情况下的应急处置还比较欠缺，在营业厅内客户较多的情况下，没有及时采取措施缩短客户等待时间，并安排人员进行引导和安抚。

三、改进提升措施建议

营业厅内同一时间客户突增或一位用户因某种情况导致办理时间较长的情况在日常工作中较为常见，在营业厅人员培训中需要时常演练，并且对这些常见的情况要有应急处置方案。那么应该怎么做呢？

1. 碰到营业厅排队客户较多的情况时，窗口人员应及时将厅内情况汇报给营业厅主管，营业厅主管要及时进入厅内进行引导和安抚，若客户需要办理的业务可以在自助机或"网上国网"App 上完成，应做好引导。

2. 若窗口在排队客户较多的情况下遇到处理时间较长的客户，应及时汇报营业厅主管，将客户请到洽谈室做进一步解释处理。

案例 7　营业厅服务强推"网上国网"App

一、案例情景概述

客户："喂，你好。"

客服专员："您好，女士。请问有什么可以帮您？"

客户："我要投诉你们营业厅，我来营业厅办理增容，他们一定要我下载'网上国网'App，在那个上面办理。"

客服专员："很抱歉，女士，给您带来了困扰，请您描述当时的情况。"

客户："我是户主，我把房子租给别人，他们说要办增容，一定要我户主来办理，那我也不知道怎么弄，就到营业厅柜台来办，结果你们营业厅里的人告诉我说让我在 App 上自己申请，那我来营业厅干吗，而且那么麻烦，为什么不能在柜台办理呢？"

客服专员："女士，增容业务也可以由您授权给租户作为经办人进行办理的。"

客户："这个我知道的，但是我不想把我的证件给他，所以我就自己来了。结果你们营业厅的人用我租户的手机下载那个 App 办理了这个业务。你们为什么不给我在柜台办理？我来都来了还要下载 App，我觉得这个事情不对的。"

客服专员："好的，我们立即把这个情况反馈给属地核实，请您保持电话畅通，请问还有什么能帮您的吗？"

客户："没有了。"

客服专员："好的，感谢您的来电。"

客户："好的，谢谢！"

二、事件情况调查

核实发现，客户及租客来营业厅办理增容业务，窗口工作人员告知客户在柜台办理需要复印客户的房产证、身份证等资料留档，客户误以为要将资料原件放在柜台，故不同意提供资料。但工作人员没有理解客户的疑虑，只是告知客户不提供资料的话无法在柜台办理增容业务，需要客户自己下载"网上国网"App，将资料拍照上传进行线上受理，客户不认可这种方式，认为自己已经来了营业厅，就应该由窗口人员帮助客户完成受理。

后经过沟通，客户理解了窗口人员所说的提供资料不是提供原件留存，故跟窗口人员说同意拍摄资料，窗口工作人员误以为客户同意通过"网上国网"App办理业务，但客户实际还是希望在柜台进行线下办理。

由于前期客户强烈反对在自己手机上下载App，故窗口人员通过租客的手机为客户办理了增容业务，引起了客户不满。认为营业厅人员强推App。

三、改进提升措施建议

线上引流是营业厅工作人员工作的一部分，引导客户在"网上国网"App上进行业务办理和查询能进一步优化提升营商环境，也能逐步实现客户办电"一次都不跑"的目标。但是当客户来营业厅办理业务且表示自己不愿意下载或使用"网上国网"App时，不论是什么原因，窗口人员都应该按照客户诉求进行线下办理，不能强行要求客户使用"网上国网"App进行业务办理，避免引起客户反感。

第六章

电动汽车

案例 1　充电桩安装受理问题

一、案例情景概述

客户："喂，你好，我要投诉！投诉你们供电公司，办事不按标准来，还耽误了我的事情。"

客服专员："好的，先生，麻烦您说一下事情的详细经过。"

客户："我今天申请安装低压充电桩，事先也在你们'网上国网'App 了解过需要我准备什么材料了，村里也给我开了证明，我的申请都通过了，但是后来你们上门的工作人员说我材料不齐，不同意帮我装，还把我的流程给终止了，这不是故意给我设卡吗？"

客服专员："先生，工作人员有没有跟您具体说是哪方面的材料不齐全？"

客户："他说我村里开的证明不能用，当初怎么不给我讲清楚，我去村里开一次证明哪有那么容易。"

客服专员："您说的是，先生，您说的情况我们都详细地做了记录，后续我们会处理好然后给您回复。"

客服专员核对客户诉求信息无误后将工单整理下发。

二、事件情况调查

经核实，客户申请电动汽车用电报装，提供个人身份证明、房屋产权证、电动汽车行驶证、现场停车环境图片、村委开具车位使用和允许施工证明。客户申请成功后客户经理致电客户预约现场勘查，在现场勘查服务中，客户经理发现客户实际停车的区域位于客户家门外的马路边，属于村里的公共区域，客户提供的车位使用和允许施工证明中描述的停车区域和现场实际不符，证明中表述"兹证明我村村民×××用自建房屋一座，位于××村××号，允许其申请安装充电桩电表"，在受理环节资料审核时，因客户提供了房产证，结合客户用电地址位于农村区域和村里的证明，工作人员下意识地以为客户是在自家院子中停车装表，故正常受理。

但在后续现场勘查环节发现，客户家并没有院子，唯一能停车的区域位于房屋外马路边公共区域，与客户提供的车位使用权证明和允许施工证明描述不符，因此客户经理告知客户的资料不齐全，需要重新找村委提供正确地址的证明材料。

客户对此表示无法接受，虽然客户经理反复解释了问题缘由，但想到自己忙活了半天却被告知还要从头再来，内心的不满无法排遣，最终选择了投诉。因充电桩用电报装非"一证受理"，通过客户描述无法证明工作人员存在差错，故按照资料不齐，未下派投诉。

工作人员收到工单后，再次致电客户耐心解释，当初负责现场勘查的客户经理也通过微信把业务办理告知书相关内容及符合标准的报装案例分享给客户，客户表示其所在的村委不肯开具符合条件的证明，他们村很多人都遇到了这种问题。经工作人员耐心开导后，客户怒气消散，也表示了认可。

我们一起来看看，在这件事情中，工作人员踩到了哪些服务红线。

国家电网员工服务"十个不准"：第三条 不准无故拒绝或拖延客户用电申请，增加办理条件和环节。

我们的工作人员虽然不是主观有意地造成差错，但是因为业务技能和沟通技巧的欠缺，客观地造成一定程度上的"增加办理条件和环节"等问题。

最后总结出现的问题。

1. 工作人员未对暂缓安装的结果与客户进行充分解释，并且未及时安抚客户情绪，而且客户非专业人员，不理解内部申请流程，对流程的理解有限，觉得提交申请过了就可以安装，结果现场查勘后又不通过，服务过程整体体验感较差。

2. 业务受理的工作人员服务敏感度欠佳，工作人员缺乏一定的责任心和沟通意识，在为客户受理申请时，如能进一步与客户沟通车位具体地址，在现场查勘前能告知客户申请资料，更容易让客户接受和认可。

三、改进提升措施建议

1. 加强受理环节客户资料预审和沟通颗粒度。对无固定车位的充电桩申请，务必与申请人确认真实安装位置，避免车辆出现停在无产权或使用权的车位或公共道路等影响正常通行的位置。

2. 现场工作人员需多为客户考虑，换位思考，耐心沟通。

案例 2　充电桩安装验收问题

一、案例情景概述

客户："喂，你好，我要投诉！"

客服专员："先生您好，请问您要反映的是哪个单位的情况？"

客户："不是哪个单位，我要投诉的就是你们供电公司办事不按标准来，还耽误了我的事情。"

客服专员："好的，先生，麻烦您说一下事情的详细经过。"

客户："我今天申请安装低压充电桩，事先也在你们'网上国网'App上了解过需要我准备什么材料了，但你们工作人员上门说我材料不齐全，不同意帮我安装。你们App的信息怎么跟实际申请的不一样啊？"

客服专员："先生，您是哪方面的材料不齐全？"

客户："他说我没有充电桩合格证，但我充电桩还没买，这难道不应该是你们先帮我把表装好了，我再买充电桩吗？再说了，你们知识库里的低压客户申请材料里根本没有提到合格证这一项，怎么到现场了又多出来这一项！"

客服专员："我理解您的意思了，根据当地市政府的《新能源电动汽车自用和共用充电桩建设安装规定（暂行）》的要求，您需要先提供充电桩的出厂检验报告后才能进行安装的。"

客户："那他也没跟我说清楚啊，我也不知道当天办不了，等我下次再申请时要重新走流程，这也太不方便了吧？一开始申请时你们都没有提到这个问题，等到了现场再告诉我，然后让我从头再来，也太不便利了。"

客服专员："您说的是，先生。您说的情况我们都详细地做了记录，后续我们会处理好然后给您回复。"

客服专员核对客户诉求信息无误后将工单整理下发。

二、事件情况调查

核实得知，客户当天通过"网上国网"App申请充电桩，提交的材料已通过供电公司审核，供电营业部也响应了申请。然而，工作人员上门为客户安装电表时，装表验收前出现了问题。

根据当地市政府出台的《新能源电动汽车自用和共用充电桩建设安装规定（暂行）》，客户需提供充电桩的"出厂检验报告"。

工作人员在向客户解释后，客户犯难了。由于自己订购的车辆及充电桩还未到货，无法提供该检验报告。因此工作人员建议客户等到购置车辆及充电桩到货后，再重新申请充电桩业务。

客户对此表示无法接受，虽然工作人员反复解释了问题缘由，"出厂检验报告"是市政府的规定，故未在供电公司的线上平台上体现，客户也答应了暂缓安装工作。然而客户没想到的是，暂缓安装需要将申请的充电桩流程终止，导致客户原本已平复的心情又产生了不满，最终选择了投诉。

由于客户缺失的材料并非供电公司需要提供的材料，故客户投诉的"网上国网"App要求提供的材料存在差异问题不存在，投诉不属实。

我们一起来看看，在这件事情中，工作人员踩到了哪些服务红线。

国家电网员工服务"十个不准"：第三条 不准无故拒绝或拖延客户用电申请、增加办理条件和环节。

我们的工作人员虽然不是主观有意地造成差错，但是因为业务技能和沟通技巧的欠缺，客观地造成一定程度的"增加办理条件和环节"等问题。

最后总结出现的问题。

1. 工作人员沟通不到位，客户不能理解安装充电桩表计需先提供出厂检验报告，也不能理解知识库所需材料与现场申请所需资料出现差异，工作人员未能及时发现并解决客户的疑问。

2. 工作人员服务不到位，告知客户不能当天安装时，未提及暂缓安装将造成流程终止，导致客户的不满。

3. 审核流程不够严密，地方供电公司审核客户申请资料时，未考虑到地方政策因素，错误地将客户申请予以通过。

4. 知识库信息不符合当地政府的个性化规范要求，现场申请与"网上国网"App 所需资料不一致，涉及地方政策规定，导致客户申请前未能将材料准备充分。

三、改进提升措施建议

1. 保证规范的统一。相关工作人员需针对地方政府的个性化规范要求，及时梳理相关资料，并将相关信息及时录入知识库，以防止出现此类事件，造成客户的不便。

2. 工作人员需多为客户考虑。在客户因为当地特殊规定导致其需求无法得到满足时，工作人员应安抚客户可能出现的焦躁与失望的情绪，耐心解释当地政府出台此次规定的原因和必要性。

3. 现场申请需标准化。为客户办理现场申请时，需将供电部门以及政府部门要求提供的材料以书面形式提供给客户，并让客户签字确认。

4. 工作人员需要向客户说明安装暂缓将导致流程终止，并解释这是内部管理要求，此业务办理情况与员工绩效挂钩，确认获得客户的理解与谅解。

5. 对当地政府特殊要求的材料，应及时报备知识库，以供客服专员查询和解答。

案例 3　装表通电告知不到位问题

一、案例情景概述

客户："喂，您好，我想反映一个问题，我申请了一个充电桩的电表，上个星期，A供电所给我打电话说礼拜六给我装表，可是到现在我也没有接到任何消息，车子已经买了，装充电桩的人跟我说得先装表，我打供电所的电话也没有人接。"

客服专员："先生，您还记得您具体联系的供电所电话吗？"

客户："我找一下通话记录，××××-××××2833，是这个号码，是不是他们周末都没有人值班的，固定电话没人接听，我又打了之前来过现场的一个师傅的电话，他说过不来，要下周二才能装表，现在我怎么办，我要投诉××供电所。"

客服专员："先生，您还记得是什么时间申请的吗？我这边没有查到关联的申请记录。"

客户："5月8日，这个我记得很清楚，因为我那天刚好去了4S店。"

客服专员："好的，先生，您先别着急，您说的情况我们都详细记录了，后续我们处理好然后给您回复。"

客服专员核对客户诉求信息无误后将工单整理下发。

二、事件情况调查

核实后得知，客户于2022年5月8日申请了自用充电桩新装业务，完成现场勘查后确定现场需要新设分支箱和集中表箱，客户着急用电，现场加紧施工后，A供电所工作人员在2022年5月18日通过办公电话××××-×××2833联系客户告知2022年5月22日（周日）可以为客户装表。

2022年5月22日早上9点，现场装表完成，但装表师傅未第一时间联系客户告知其已完成装表事宜，导致客户以为一直未装表。

客户在2022年5月22日上午10点左右联系电话××××-×××2833无人接听，实际因为该办公电话非24小时值班电话，仅限于工作时间段使用。客户联系该办公电话无人接听后，随即联系勘查人员的个人电话（和装表师傅非同一人），咨询"××小区××停车位什么时间可以装表"，但因装表师傅未给客户电话备注，误以为客户是新申请报装的，来电咨询报装接电问题，故根据自己的工作安排答复客户会在2022年5月25日（周三）装表，引发误会进一步升级。客户挂断装表师傅电话后，立刻拨打95598服务热线表达不满。

工作人员收到工单后，立刻致电客户表达歉意，并安排装表师傅至现场当面告知客户装表位置，客户最终表示满意。

最后总结出现的问题。

1. 工作人员未及时告知客户装表进度，客户自行多次致电，电话不通未获得确切结果，导致客户误解拨打热线投诉。

2. 现场勘查人员、通知客户装表人员、现场装表接电人员非同一人，联系方式也不统一，多方联系给客户留下不负责任的印象。

三、改进提升措施建议

1. 装表师傅缺乏主动沟通意识和换位思考意识，未能准确把握客户的用电意愿，客户诉求未完整闭环。

2. 供电所内部联络和客户诉求流转机制不够完善和流畅，对外热线应统一且常在线，客户服务质量存在较大提升空间。

案例 4　现场施工问题

一、案例情景概述

客户:"你好,我想问问你们作为国家电网的正式员工,到底是怎么服务老百姓的,供电所推物业,物业推供电所,把我们老百姓的需求放在哪里?"

客服专员:"抱歉先生,您别着急,您能具体描述一下发生了什么事情吗?"

客户:"是这样的,现在国家不是在大力推广新能源汽车吗?我也响应国家号召买了一辆,但我是真没想到,在我们小区装个表这么难,物业说因为你们当地的供电所拒绝提供施工证明,现在我没法跟物业申请,怎么办?"

客服专员:"先生,您的意思是,小区物业要求当地供电所提供施工证明后,才允许您申请充电桩电表吗?"

客户:"是的,因为在你们那个'网上国网'App申请,好像是要上传什么物业证明,物业现在不肯开,跟我说是供电所的原因,我现在就想知道,到底要我怎么做,才能让我用上电?"

客服专员:"您说的情况我们都详细地做了记录,之后由当地供电公司联系您处理。"

客户:"好的谢谢,要尽快,我着急用电。"

客服专员核对客户诉求信息无误后将工单整理下发。

二、事件情况调查

核实后得知,客户所在的小区在 2012 年建成,设置有地下一层停车场。但小区当时交付时地下车库并未预留供电通道，小区公变配电室位于地面一层。当地供电公司针对服务区域内各存量小区实施整体充电桩用电电力配套工程，当地供电公司在 2023 年 3 月主动联系该小区物业进行现场勘查，计划在小区地下车库公共区域布设多处电缆分支箱和集中表箱，用于满足小区后续新增的充电桩用电需求，但小区物业考虑到从地上公变引出电源至地下车库需要开挖路面和小区地面绿化带，故要求当地供电所出具一份施工证明，证明在施工完毕后能够保证现场恢复原样，该诉求为该小区物业的特殊要求，供电所没有提供施工证明，且当时该小区还没有业主主动申请充电桩用电业务，故整体配套工程暂缓。

客户在 2023 年 5 月 10 日到小区物业处咨询充电桩用电事宜，小区物业以供电公司不肯出具施工证明为由，拒绝为客户出具允许施工证明（申请充电桩用电业务的必备材料之一），客户情急之下拨打电话 95598，此时客户未提交充电桩用电业务申请流程，供电公司暂未获知客户用电需求。

工作人员收到工单后，立刻致电客户了解具体情况，并在客户未提交用电申请情况下，于 2023 年 5 月 12 日联系小区物业和客户进行现场勘查与沟通，工作人员向物业工作人员解释，供电公司针对全区的存量小区在有计划地批量实施整体配套，目前已完成的工程未出现过施工质量问题，也请物业放心，但小区物业表示其为了全体业主利益，依然不肯让步。

2023 年 5 月 15 日，供电公司与该小区所在的居委会取得联系，向居委会讲述了事件的来龙去脉和利弊。当天，与居委会工作人员共同联系该小区物业进行了沟通，最终小区物业做出了让步，同意供电公司在该小区实施整体配套工程，无须额外提供保证书，供电公司也将该情况向客户解释清楚，客户表示感谢。此后，供电公司按计划开展现场勘查，在整体配套方案通过物业公示后，供电公司安排施工进场，当时预计 2023 年 8 月底完工，客户表示时间来得及，最终工单以满意办结。

最后总结出现的问题。

1. 客户关注重点在能否申请和能否用电，对背后的工作机制并不熟悉，物业简单告知供电公司不肯出具证明导致其无法申请用电，精准地将矛头引至供电公司。

2. 供电公司基于有限的施工力量和资源，考虑客户诉求的轻重缓急和客观条件，优先实施服务辖区内施工条件更为简单的存量小区，从而忽略了其他小区的客户诉求。

三、改进提升措施建议

充电桩电力配套工作的开展涉及多方多部门协调，供电公司可以积极借助街道、社区、居委会等属地管理部门力量，推进相关工作顺利开展。

案例 5　装表位置距离问题

一、案例情景概述

客户："喂，我要投诉！我买了辆电动汽车，在国家电网上申请充电桩，结果电表给我装得很远，还要我自己出钱去拉线，好几千块钱这怎么搞！"

客服专员："先生，您先别着急，麻烦您说一下充电桩申请的具体情况。"

客户："我买了电车，在你们'网上国网'App 上也申请了充电桩电表，都是一步一步按照 App 要求上传了照片的，这个没问题的吧！然后你们××供电所工作人员联系我要上门勘查来了。"

客服专员："先生，勘查后是电表位置比较远吗？"

客户："是啊！电表离我车位有 80 米！我电车在 4S 店只有 30 米免费安装，另外 50 米要我自己掏钱！要 3500 元啦！你们电表搞那么远！"

客服专员："基本了解情况了，先生，工作人员有向您说明电表的安装位置吗？"

客户："他说配电间不在我的单元楼，在其他单元楼下面，所以只能装那边，那我这么远要自己出钱，这太不划算了啊！"

客服专员："先生，您说的情况我们都详细地做了记录，后续我们处理好然后给您回复。"

客服专员核对客户诉求信息无误后将工单整理下发。

二、事件情况调查

核实得知，客户所在小区建设较早，停车场位于负一层，因当时房地产开发公司未考虑充电桩配套设施，规划建造时公用变压器集中布置于 B 幢负一层。

近两年，供电公司为解决小区部分车位充电桩需求，在配电房外加装了一只分接箱，分接箱位于 B 幢，专供该小区有充电桩电表需求的客户。

故该客户申请充电桩电表业务时，由于客户的车位位于 A 幢负一层，距离分接箱（B 幢）位置较远，因此表后线距离较长（约 80 米），客户想要供电公司重新架设线路，将分接箱安装在 A 幢负一层。工作人员已告知客户根据《民用建筑电动汽车充电设施配置与设计规范》第 4.1.5 中的"充电设施的布置宜接近供电电源"。另外，小区整体加装涉及地下室相关土建，以及须满足消防要求，暂无法整改，不能满足客户想要将分接箱安装在 A 幢负一层，以此减少表后线距离的诉求。

因此，工作人员再次向客户解释，客户表示认可。

最后总结出现的问题。

1. 客户申请充电桩，现场勘查后电表安装位置距离客户车位较远，因表后线路需客户自行出资，客户要求新装分接箱，但涉及小区地下室土建、消防等因素暂时无法整改，客户因而产生不满。

2. 工作人员沟通不到位，客户不能理解电表安装位置距离较远的原因，工作人员向客户解释的原因不能让客户满意，且工作人员服务敏感度欠佳，导致客户在已和供电公司取得联系的情况下，仍拨打电话 95598 投诉。

三、改进提升措施建议

1. 规范计量装置安装。充电桩计量表箱与报装车位距离原则上不超过 50 米，可根据现场实际情况确定电表安装位置。

2. 推动落实老旧小区充电设施配建标准。针对老旧小区施工难、布点难等问题推进改造，预留自用充电桩配电容量、配电线路通道、充电设备和表箱安装位置，解决客户老旧小区充电难的问题。

3. 持续加强工作人员沟通能力。将现场情况结合政策文件向客户解释说明，安抚客户情况，确认获得客户的理解与谅解。

案例 6　机械车位问题

一、案例情景概述

客户："喂，我要投诉！我们小区地下车库是机械车位，有个车位后面装了一个充电桩，这机械车位怎么能装充电桩啊，这机械车位上上下下这么危险，充电桩线拉到了怎么办？"

客服专员："先生，您别着急，麻烦您说一下充电桩的具体情况，是电表在机械车位的后面安装了吗？这个车位不是您本人的，对吗？"

客户："这车位和充电桩都是小区邻居装的，车位后面就装着一个充电桩啊，你们供电公司充电桩都随便装的啊，安全隐患那么大都不管的。"

二、事件情况调查

调查后得知，这个充电桩电表的户主翟先生是在 2019 年 2 月 12 日申请的充电桩电表，根据当时的《居民充换电设施申请用电告知书》，翟先生提供的申请材料完备，考虑到用户实际的充电需求，并经过物业、用户、供电公司多方协调，翟先生提交了自甘风险承诺书（充电桩使用不影响该机械车位的正常使用、维修、维护及年检等事项，由安装充电桩所导致的后续问题，及产生的所有责任由本人承担），供电公司给其安装了充电桩电表。后工单反映人王先生来电要求拆除充电桩设备，供电公司将表后设备属于用户产权，且供电公司无权强制要求该户销户的处理结果反馈给王先生，建议王先生按照前期翟先生提交的承诺书与翟先生进行协商，或向充电设施管理相关部门反映，王先生对这个处理方式不满意，自 2023 年 10 月 13 日第一次来电后，持续反映该问题至 10 月 25 日。

无独有偶，同一小区的李先生也于2024年2月25日来电反映机械车位安装充电桩存在安全隐患的情况，李先生表示消防部门也来现场查看，明确了如因充电桩产生任何消防安全的问题，供电公司也将承担连带责任。后供电公司表示自2023年10月至2024年1月，区市场监督管理局已进行两次检查，下达整改通知书给物业公司，明确机械车位不允许安装充电桩，已安装的充电桩应尽快拆除，待物业公司将已安装的充电桩拆除完毕后，供电公司会前往现场拆除表计。

三、改进提升措施建议

根据充电桩安装规范，机械车位是不允许安装充电桩的，不能仅凭报装用户的"自甘风险承诺书"就将自身责任全部撇清。工作人员担心未满足客户诉求造成工单风险，满足客户需求实际上反而造成业务不规范的风险。实际上，只要业务规范开展，哪怕客户坚决不认可，也可以按"无理诉求"的方式回复工单，并附上相关规范文件。

第七章

电网建设

案例 1　现场施工未提前告知

一、案例情景概述

客户："你好，我要反映一件非常恶劣的事情，你们国家电网的工作人员在我家外墙上凿墙施工，钉了大铁架，事先没有任何通知，我家墙现在已经开裂了。"

客服专员："先生，非常抱歉，请问您反映的事情具体是什么时间发生的？"

客户："大概在上个月 10 日左右，那几天我正好不在家，等我回来后才发现，然后我就去找当地的供电所了，他们答应我在上个月月底前移除，今天已经 15 日，却没有任何动静。"

客服专员："非常抱歉，我马上把您的诉求派到当地的供电公司，尽快给您核实处理。"

客户："我很生气，非常生气，让他们今天就过来，如此不负责任，欺负老实人吗？当面一套背后一套，我当初都没找他们要赔偿，现在必须马上给我处理，并且要双倍赔偿，今天必须解决，今天不解决，我就一直打电话投诉。"

客服专员："先生，您的心情我非常能够理解，已经给您备注加急处理，给您带来不便非常抱歉。您说的情况我们都详细地做了记录，后续我们会处理好然后给您回复。"

客服专员核对客户诉求信息无误后将工单整理下发。

二、事件情况调查

核实后得知，客户反映的实际是供电公司产权的四线接户线安装在客户墙上，客户室内墙体确实有开裂现象。

当地供电公司工作人员接到工单后，当天下午与客户取得联系，因客户长期出差，当天并不在家中，工作人员通过电话与客户协商就赔偿达成一致，协商确定赔偿客户损失 2000 元。第二天，工作人员便安排施工人员将客户墙上的四线接户线改为两线，并加急走保险理赔程序，保险公司在第三天将 2000 元赔偿款赔付于客户，客户确认已收到。后在客户出差返回后，与客户约定现场勘查时间，协商线路迁改事宜，客户表示认可。

最后总结出现的问题。

1. 施工涉及客户产权区域，在未提前通知客户的情况下擅自施工，损害客户知情权，且对客户造成影响，引发客户不满。

2. 客户前期向供电所反映问题后，供电所工作人员答应客户在上个月底前将墙壁上的水流铁移除，但实际未按照约定履行承诺，导致客户失去对供电公司的信任，自己的诉求被忽视，引发客户不满情绪升级。

3. 现场人员缺乏服务意识，施工行为不当，现场为外施队伍施工行为，当地供电公司缺乏约束管控机制。

4. 工作人员缺乏工作责任心，违反了"十个不准"规定，漠视群众利益。

三、改进提升措施建议

1. 现场施工前，应联系客户就施工方案达成一致后安排施工计划，必要时争取当地村委协助沟通。

2. 现场施工造成损失，客户反映后，应第一时间道歉并约定赔偿和现场优化方案。

案例 2　施工行为造成客户利益受损

一、案例情景概述

客户："你好，我要投诉，你们施工人员怎么搞的，昨天在我们小区地下车库施工，把我的车子弄得到处是灰尘不说，地上还留了一堆东西，把我的车胎也扎破了。"

客服专员："女士非常抱歉，您确认是国家电网人员的施工行为吗？有没有明显的国家电网标志？"

客户："具体我没看到，我昨天在上班，是下班后回来发现现场一片狼藉，打电话问了物业，物业说是国家电网这里做排管，小区很多人要装充电桩用电。"

客服专员："非常抱歉，我马上把您的诉求派到当地的供电公司，尽快给您核实处理。"

客户："利国利民是好事，但是施工行为不应该这么简单粗暴。"

客服专员："女士，您的心情我非常能够理解，已经给您备注加急处理，给您带来不便非常抱歉。您说的情况我们都详细地做了记录，后续我们会处理好然后给您回复。"

客服专员核对客户诉求信息无误后将工单整理下发。

二、事件情况调查

核实后得知，客户反映的实际是供电公司委托的施工队伍在小区地下车库进行充电桩业扩配套工程电缆桥架施工，因施工涉及墙面穿孔打洞，现场未做防尘措施，导致客户车子及周边业主车子上均有不同程度的落灰。

截至客户拨打95598服务热线时，现场第一阶段施工还未结束，前一天施工结束后，现场施工废料未及时清理，造成客户车胎被扎破。

施工已对现场造成影响，接到客户工单诉求后，当地供电公司工作人员立刻联系客户致歉，并及时联系施工队伍清理现场，对客户受损车辆进行赔偿，在物业处留下联系方式及在施工现场张贴提醒，方便周边其他受影响的车主联系，避免后续发生同类投诉。

最后总结出现的问题。

1. 现场施工未做好防尘措施，损坏了地下车库环境，对客户及周边业主车辆造成影响。

2. 违反《供电服务标准》中的现场服务质量标准，现场工作结束后未立即清理遗留废弃物，未做到设备、场地整洁。

3. 施工人员服务意识有待加强，服务标准有待提升，缺乏工作责任心。

4. 当地供电公司对外施队伍的管理缺乏有效的监管手段，桥架单位均为项目公开招标确认，非固定的施工方，属地管理单位对施工单位缺乏安全技术交底等管理手段。

《国家电网有限公司供电服务标准》（Q/GDW10403—2021）客户现场服务质量标准如下所述。

1. 到客户现场服务前，应与客户预约时间，讲明工作内容和工作地点，请客户予以配合；现场服务时，应按约定时间准时到达现场，高效服务。

2. 进入客户现场时，应主动出示工作证件，并进行自我介绍。

3. 到客户现场工作时，应携带必备的工具和材料。工具、材料应摆放有序，严禁乱堆乱放。如需借用客户物品，应征得客户同意，用完后应先清洁再轻放回原处，并向客户致谢。

4. 应遵守客户内部有关规章制度，尊重客户的民族习俗和宗教信仰。如在工作中损坏了客户原有设施，应恢复原状或等价赔偿。

5. 现场工作结束后应立即清理，不能遗留废弃物，做到设备、场地整洁。

三、改进提升措施建议

杜绝"以包代管",从招投标和合同签订环节对外施单位实施约束,通过施工前采用安全技术交底等手段规范现场施工质量、施工行为和考核措施。

对于当天不能完成的施工作业,主业人员及施工单位需每日确认收工现场情况。

案例 3　施工单位不明确引发误会

一、案例情景概述

客户："喂，你好，我要投诉你们供电施工队。"

客服专员："好的，女士，麻烦您详细说明一下情况。"

客户："你们供电施工队从 4 月 3 日起在××小区进行电力施工，现在施工已经结束了。但路面没有及时填平，我已经摔伤了，你说这危不危险啊？"

客服专员："您说得是。那和您确认一下，是供电公司的施工队在您小区进行电力施工，并在完成后未及时将路面回填，是吗？"

客户："没错，我问过物业了，是物业请你们来施工的，你们在施工前有跟物业报备过。"

客服专员："好的，女士，您说的情况我们了解了，还有别的补充的吗？"

客户："我需要你们给我一个明确的答复，这个问题什么时候解决，什么时候能把沥青铺好，并对你们没有在现场放置警示牌给出解释，明天如果又有人被绊倒了怎么办？如果是老人或者孕妇怎么办？你们负得了责任吗？"

客服专员："明白，您放心，我们会尽快处理，了解情况后及时给您回复。"

客服专员核对客户诉求信息无误后将工单整理下发。

二、事件情况调查

工作人员致电该小区物业调查了解到，客户在投诉中所指的电力施工实际是小区商铺的客户陆女士自行寻找的施工队伍进行的土建施工工程，并非供电公司开展的电力施工。

由于陆女士当时正在进行商铺装修，需要对表后电进行敷设改造，故小区客户经理李某协助陆女士向小区物业报备，使客户在向物业了解情况时误以为陆女士的土建工程为供电公司工程，导致客户投诉了供电公司。

了解情况后，在工作人员的帮助下，客户与陆女士对路面问题进行了协商，将下沉路面处理完成。

而下沉路面造成小区业主被绊倒的问题，经工作人员的进一步核实，此情况不属实。由于客户反映的施工工程相关问题不属于供电公司施工队进行的电力工程，非供电公司责任，该投诉工单不属实。

最后总结出现的问题。

1. 客户出行因施工不便。小区地面因施工下沉，施工完成后也未及时处理。客户的安全无法得到保证，施工造成的地面下沉处没有放置警示标志。客户无法直接联系到施工队，只能选择投诉。

2. 表面上看，造成客户投诉的原因是供电公司施工行为不规范的问题，施工队完成施工后未及时恢复现场，且未设置警示标志，造成客户生活的不便与不必要的安全隐患。实际上，施工方、物业、客户三方就此次施工的沟通不到位，造成误解。电力施工方现场未设置明显标识标牌，使小区物业、客户和相关方未将其与其他施工队明显区分开，导致客户与物业的混淆，误遭投诉。

三、改进提升措施建议

1. 供电部门与各小区物业保证稳定、即时的联系，并定期与小区物业进行联络互动，对小区近况有足够的了解。

2. 涉及供电部门的施工应采取固定方式通知，如以统一的通知文件模板、用同一个公司微信号在小区业主群中发通知消息等。电力施工现场应设立告示牌，使电力施工能与其他施工工程区分开，让小区物业、业主及相关方能一眼辨认出是否是电力施工工程，避免电力施工与其他施工相混淆情况的出现。

案例 4　多方施工造成外破坏引发误会

一、案例情景概述

客户："喂，你好！我想投诉你们供电公司施工队，施工队在施工过程中把我的水管扎破，漏水漏了一天了都没有人管！"

客服专员："先生，麻烦您提供一下施工信息，好吗？是从什么时候开始施工的，施工地点在哪里？"

客户："是××市××区××路供电塔这边，就是今天开始施工的。"

客服专员："好的，先生，您确定是供电公司在此施工造成了您水管破裂的情况，是吗？"

客户："我可以确定，就是供电公司的打桩车把我的水管扎破的，你们赶紧查一下，让人把这件事情解决了，一直在漏水真的很烦。"

客服专员："好的，先生，您说的情况我们了解了，我们会帮您记录，核实后会尽快给您答复。"

客服专员核对客户诉求信息无误后将工单整理下发。

二、事件情况调查

现场核查发现，破损的水管是被外部运输房屋拆除后的渣土车压破，而非供电公司施工造成。客户投诉的地点当时有多方同时施工，使客户对责任方有了混淆感，错将投诉电话打到供电公司。工作人员随后联系客户，并向其解释了事情的真实情况。

客户恍然大悟地说："原来是这样！不是你们造成的。当时现场施工队多比较难分辨，我还以为水管是你们打桩车扎破的，原来是渣土车的原因。"

工作人员："是的，我们电力施工队没有在现场设立区域划分的警戒标志，您的混淆也确实是我们施工不够规范造成的，这一点希望您能谅解。"

客户心平气和地说："不存在的，我自己没搞清楚就投诉你们是我不好，也麻烦你们帮我查清楚了。"

由于客户反映的施工工程相关问题不属于供电部门开展的电力工程，非供电公司责任，该投诉工单不属实。

最后总结出现的问题。

1. 客户的设施（水管）因施工队施工遭到损坏需要修复，施工队并未及时将水管恢复原状，造成客户不便，客户需求没有得到及时满足导致其对施工队不满。

2. 该地点处于多方施工状态，电力施工队未在现场明确各施工队间区域划分，导致客户追责时判断错误；未在现场摆放公告牌，提供施工负责人联系方式，导致客户不能直接联系到施工方解除误会；施工队在施工中未能关注周边状况，对物品存在的情况未能及时通报。

三、改进提升措施建议

1. 施工现场涉及多方施工时，电力施工队需做好区域划分的警戒标志，并放置于醒目位置，确保电力施工队能与其他施工队明显区分。

2. 供电部门现场施工时，应在醒目位置设立公告牌，备注电力施工负责人及联系电话，以便客户、其他施工方及相关方有问题时联系。

3. 施工现场涉及多方施工时，电力施工队应关注其他施工单位施工状况，及时发现存在施工不当、不符合规范或存在安全隐患并指出督促整改，施工结束后应关注施工范围周边是否有物品损毁，如有情况及时通报相关单位。

案例 5　临时电缆供电安全隐患

一、案例情景概述

客户："喂，你好，我想反映一下，我们小区入口的地方，最近一直丢着一根电线，是电力公司弄的，从我们小区门口一个箱子里面拉出来，绕了大半个小区一直拖到对面的工地，也不清楚为什么一直这么丢着。我每天带着小孩进进出出，今天早上这根电线给我家小孩绊倒了，很危险！"

客服专员："您确定是供电公司的人员拉的线吗？施工人员是否佩戴了国家电网的标志？"

客户："这个我确定的，因为前段时间我们小区后面的加油站停电了，供电公司的师傅来抢修，就从我们小区拉了一根线过去，我打过供电所电话，他们说是天气不好，一直下雨，没法施工，说是等过几天天气好了来重新埋线。但是，最近几天天气一直都不错，也没有人来弄。"

客服专员："那您记得上次停电抢修是什么时间吗？"

客户："应该是在上上个礼拜四，应该是 8 月 18 日，半个月肯定有了。"

客服专员："好的，女士，您的诉求我这边都记录好了，您放心，我会尽快联系当地供电公司，接下来他们会联系您处理好的。"

客户："好的，谢谢。"

客服专员核对客户诉求信息无误后将工单整理下发。

二、事件情况调查

现场核实得知，2022 年 8 月 18 日，客户小区旁边的安置房工地施工把该小区旁边中石化加油站的电缆挖断了，所以供电公司抢修人员从客户小区的分支箱接了一根低压临时电缆，绕过大半个小区临时给加油站供电。此次挖断电缆事件非供电公司责任，当地供电所工作人员与安置房施工方负责人、街道办事处相关人员沟通协商，最终确定被挖断的电缆由街道办事处出资，由街道办事处委托A公司负责施工，重新放置正式电缆，因为街道办事处审批维修费用需要时间且时常下雨，故现场更换电缆一直没有实施。

客户在2022年8月26日来电咨询当地供电所，供电所工作人员答复客户近期一直下雨，施工困难，待天气晴好后会尽快安排施工。后当地供电所多次联系安置房施工方催促现场整改进度，均未获得明确答复。

2022年9月6日，客户先咨询所在小区物业了解情况，小区物业表示不清楚，客户随即拨打95598反映电缆一直未整改问题，工作人员当天联系街道办事处和安置房施工方，街道办事处答复还在走审批流程，安置房施工方表示街道办事处一直未给明确答复，应该是因为钱的问题。工作人员将事件的前因后果向客户详细解释，但客户依然认为当地街道和供电公司都在推卸责任，工单最终以不满意办结。

最后总结出现的问题。

1. 工作人员的服务技巧欠佳，客户2022年8月26日来电咨询当地供电所时，工作人员没有第一时间向客户解释清楚，前期是供电公司来抢修，客户便下意识地认为是供电公司全权负责现场施工，形成固有的第一印象，后续的解释在客户看来存在一定的狡辩成分。

2. 第三方施工外破导致停电事件时有发生，该事件导致需要跨越半个小区为停电用户复电，涉及小区多户业主利益，供电公司没有在第一时间与小区物业沟通，后续也未与小区物业保持联系，阻塞了客户信息沟通渠道，增加了服务隐患。

3. 本次事故涉及多方沟通协调、第三方维修内部审批和施工方工作安排，供电所在相对被动情况下推动现场修复工作，因非供电责任导致，所以工作人员在后续跟踪过程中节奏也比较松散。

三、改进提升措施建议

转变被动处理工作的态度和思路,供电公司虽不是导致此次事件的责任方,却是解决事件的兜底方。因此,在同类事件处理中,供电公司应提高警惕,在第一时间与物业、客户、施工方沟通,保持信息互通,保持全程负责任的态度,尽快促成现场整改工作落实。

案例 6　供电设备安全距离

一、案例情景概述

客户:"你好,我要投诉××供电所,在未经我允许的情况下,在我家外墙拉线,就安装在我家外墙窗户旁边,有很大安全隐患,有辐射,供电所来看过,但是拒绝处理,我不认可,你们必须马上移走线,马上处理。"

客服专员:"非常抱歉,先生,您是说供电所工作人员已经去现场看过了,对吗?您说的线路是原来一直存在还是新设置的?"

客户:"一直都在,一直没有处理,原来是一条黑色的线,就挂在我家窗户上,我给供电所打过电话,他们来给换了一根,说是没办法移走,换一根有什么用,还是在我家外墙上,我不同意。"

客服专员:"好的,先生,您的诉求我已记录,将派发到当地的供电部门给您处理,好吗?"

客户:"我今天就要一个答复。"

客服专员:"好的。"

客服专员核对客户诉求信息无误后将工单整理下发。

二、事件情况调查

现场核查发现,客户在 2022 年 9 月 7 日拨打当地供电所电话反映电缆与后墙的位置太近,供电公司当即赶赴现场核查处理,客户反映情况属实,工作人员随即将原电缆线更换为布电线并移动,移动后该电线与客户后墙的距离满足安全距离要求,与上方阳台窗户的垂直距离为 0.9 米,与窗户的最小水平距离为0.93米，与墙体、构架的最小水平距离为0.4米，不存在安全隐患，符合《农村低压电力技术规程》（DL/T 499—2001）第9.3.9条规定。

此电线与客户房子均已存在10余年（事件发生时间），无法确定建设的先后顺序。根据《供电营业规则》第五十条规定，因建设引起建筑物、构筑物与供电设施相互妨碍，需要迁移供电设施或采取防护措施时，应按建设先后的原则确定其担负的责任。不能确定建设的先后者由双方协商解决。但是客户拒绝协商，供电公司多次与客户沟通未果，客户坚持认为供电公司的电力设施侵占了其私有土地。

客户表示其房屋即将装修，工作人员答复如客户以后装修时可随时联系供电所，工作人员会在确保安全的前提下，在客户装修的脚手架上安装支架，采用电缆线敷设等办法临时改道，待客户家装修完毕再恢复原状，客户对此不认可。

因客户的不合理诉求符合95598重要服务事项第四类报备：因供电公司电力设施（如杆塔、线路、变压器、计量装置、分支箱、充电桩等）的安装位置、安全距离、施工受阻、噪声、计量装置校验结果和电磁辐射引发纠纷，故该事件成功进行了服务事项报备，工单也以不认可办结。

最后总结出现的问题。

1. 无法确认建设先后顺序的电力设施，在现场无安全隐患的前提下，客户拒绝协商，坚持移除，可判定为不合理诉求，并进行重要服务事项报备。

2. 客户在2022年9月7日首次联系当地供电所反映问题时，工作人员第一时间响应处理，现场记录完整，处理得当，为后续进行服务事项报备争取了可能。

《国家电网有限公司95598重要服务事项报备管理规范》第四类重要服务事项报备范围如下所述。

1. 报备范围：供电公司确已按相关规定答复处理，但客户诉求仍超出国家有关规定的，对供电服务有较大影响的最终答复事项。包括青苗赔偿（含占地赔偿、线下树苗砍伐）、停电损失、家电赔偿、建筑物（构筑物）损坏引发经济纠纷，或充电过程中发生的车辆及财物赔偿等各类赔偿事件引发的纠纷；因触电、电力施工、电力设施安全隐患等引发的伤残或死亡事件；因醉酒、精神异常、限制民事行为能力的人提出无理要求；因供电公司电力设施（如杆塔、线路、变压器、计量装置、分支箱、充电桩等）的安装位置、安全距离、施工受阻、噪声、计量装置校验结果和电磁辐射引发纠纷，非供电公司产权设备引发纠纷；因员工信贷问题、已进入司法程序或对司法判决结果不认可引发的纠纷问题。现场工作结束后应立即清理，不能遗留废弃物，应做到设备、场地整洁。

2. 材料要求（安装位置、安全距离、施工受阻）：现场测量照片及电力设施保护条例等文件依据或村委会(社区居委会)、街道办及以上政府机构提供的相关佐证材料。

3. 影响投诉子类：现场服务人员服务行为、施工人员服务行为、无故停电、电压质量异常等。

涉及的文件依据如下所述。

1.《农村低压电力技术规程》（DL/T 499—2001）第 9.3.9 条：接户线、进户线与建筑物有关部分的距离不应小于下列数值。

与下方窗户的垂直距离：0.3 米；

与上方阳台或窗户的垂直距离：0.8 米；

与窗户或阳台的水平距离：0.75 米；

与墙壁、构架的水平距离：0.05 米。

2.《供电营业规则》（中华人民共和国电力工业部 第 8 号）第五十条：因建设引起建筑物、构筑物与供电设施相互妨碍，需要迁移供电设施或采取防护措施时，应按建设先后的原则，确定其担负的责任……不能确定建设的先后者，由双方协商解决。

三、改进提升措施建议

1. 确保事件响应速度，客户反映诉求后，应第一时间至现场处理。

2. 确保事前、事中处理过程及时记录，为重要服务事项报备或无理诉求标记充分取证。

案例 7　电力设施噪声问题

一、案例情景概述

客户："喂，你好。我要投诉国家电网的工作人员不负责任，不给我处理问题，伤害老百姓的切身利益。"

客服专员："先生抱歉，您能说一下具体是什么问题吗？"

客户："我家房子旁边有个配电房，一天到晚嗡嗡响，我们午休也睡不好，晚上也睡不着，联系物业让供电所的人来处理过，他们说不是他们的问题，不给处理，我现在已经神经衰弱了，这房子离我家这么近，老人小孩都被影响了，哪天炸了着火了，怎么办？"

客服专员："先生，您的诉求我会记录派发到当地的供电部门，他们会给您处理，好吗？"

客户："好的，要处理，马上处理，给我一个说法，一直拖拖拖，这是什么态度，我要求调查当地供电所的失职，他们说处理不了，那就让能处理的人来答复我。"

客服专员："好的，先生。"

客服专员核对客户诉求信息无误后将工单整理下发。

二、事件情况调查

核实后得知，客户反映情况不属实。客户反映问题为噪声问题，实际反映的是自己住房旁的小区变电所有噪声，认为只要产生噪声，不管分贝多少，都是不规范的，要求对此进行消音处理。客户 2022 年 2 月 21 日拨打 95598 反映该问题，供电公司当即赶赴现场处理，客户家位于小区地面一层，该声音为客户住处旁的小区变电所内变压器运行所发出，联系有资质的鉴定机构实际测量小区变电所中变压器昼间运行的分贝为 53.6，夜间运行的分贝为 39.3，不会影响客户正常生活，提供鉴定合格的检测报告，符合《声环境质量标准》中的相关规定，因此供电公司无须整改。

客户购房前已知晓客户卧室墙体外为小区变电所，也是因为客户房屋旁边有小区变电所，开发商出售该房屋的价格相对较低。

客户 2022 年 2 月 23 日第二次拨打 95598 进行催办，此时工作人员尽量满足客户诉求，主动联系小区物业反映客户诉求，物业也表示会配合在小区变电所外侧增加一层消音措施，故工作人员联系客户表示可以帮客户与房产公司沟通对现场进行降噪处理，客户依然表示不认可，又提出小区变电所有辐射，会对其家人造成影响，工单最终以不满意办结，同时成功做了重要服务事项报备。

最后总结出现的问题：客户在知情情况下购买小区变电所旁的新房，后客户认为小区变电所发出的噪声扰民且担心有辐射问题，本着优质服务原则，当地供电所力所能及地处理完毕后，客户依然不认可，满足重要服务事项报备条件。

《国家电网有限公司 95598 重要服务事项报备管理规范》第四类重要服务事项报备范围如下所述。

1. 报备范围：供电公司确已按相关规定答复处理，但客户诉求仍超出国家有关规定的，对供电服务有较大影响的最终答复事项。包括青苗赔偿（含占地赔偿、线下树苗砍伐）、停电损失、家电赔偿、建筑物（构筑物）损坏引发经济纠纷，或充电过程中发生的车辆及财物赔偿等各类赔偿事件引发的纠纷；因触电、电力施工、电力设施安全隐患等引发的伤残或死亡事件；因醉酒、精神异常、限制民事行为能力的人提出无理要求；因供电公司电力设施（如杆塔、线路、变压器、计量装置、分支箱、充电桩等）的安装位置、安全距离、施工受阻、噪声、计量装置校验结果和电磁辐射引发纠纷，非供电公司产权设备引发纠纷；因员工信贷问题、已进入司法程序或对司法判决结果不认可引发的纠纷问题。现场工作结束后应立即清理，不能遗留废弃物，做到设备、场地整洁。

2. 材料要求（安装位置、安全距离、施工受阻）：鉴定机构出具的检测报告、鉴定机构的资质证明 [注：电磁辐射符合《电磁环境控制限值》(GB 8702—2014) 中豁免范围，即 100 kV 以下电压等级的交流输变电设施产生电场、磁场、电磁场的设施（设备）可免于管理的可不提供检测报告，但须提供客户设备电压等级的支撑材料]；涉及在建工程，提供第三方环评报告。

3. 影响投诉子类：现场服务人员服务行为、施工人员服务行为、无故停电、电压质量异常等。

涉及的文件依据如下所述。

《声环境质量标准》(发文单位为环境保护部、国家质量监督检验检疫总局，编号为 GB 3096—2008，执行日期 2008 年 10 月 1 日) 第 5.1 条：一类声环境功能区（指以居民住宅、医疗卫生、文化教育、科研设计、行政办公为主要功能，需要保持安静的区域）在昼间环境噪声应低于 55 分贝，夜间应低于 45 分贝。

三、改进提升措施建议

1. 确保事件响应速度，客户反映诉求后，应第一时间至现场处理，与诉求客户及时取得联系，避免事态升级。

2. 确保事前、事中处理过程及时记录，为重要服务事项报备或无理诉求标记充分取证，对于噪声、安全距离、电磁辐射等可测量数值，需现场测量并满足相关国家标准。

第八章

政企联动

案例 1　差别电价引不满

一、案例情景概述

客户:"喂,你好,我要投诉你们××县的供电公司。"

客服专员:"您好,先生,请问您想反映的问题是什么呢?"

客户:"我们是浙江××包装有限公司,每个月的电费都正常交给供电公司,但是从 2022 年开始,你们这个××县的供电公司就开始给我们加收费用了。"

客服专员:"您是说供电公司多收您钱了,是吗?"

客户:"是的。2022 年是每度电多收 3 毛钱,今年还变本加厉了,每度电多收我 4 毛钱。我们本来就是一个小企业呀,市场竞争压力大,现在还给我们加价,生产成本涨了好多,这样下去我们还开什么工啊?现在我们已经流失了很多订单,产值大幅度下滑,是不是欺负我们老百姓啊!"

客服专员:"您的心情我可以理解……"

客户:"联系供电公司,说是地方政府的要求,对什么 D 类企业加收这个费用,95598 热线也打了,也说是政府加收的,去问政府,政府也没说是什么原因,推三阻四的,根本不管我们小企业的死活。"

客服专员:"先生,我明白您的意思,也理解您的心情,现在您是想核实加收电费的原因,是吗?"

客户:"是的,一定要给我们一个合理的说法,然后把加收的代征费都给我们退回来。"

客服专员:"您的诉求我已经记录,后续会有工作人员和您联系,请您保持电话畅通。"

二、事件情况调查

接到这个不是 12398 的工单后，工作人员立刻进行核实，原来这家公司不是第一次反映这个问题了。

2023 年 3 月 14 日，这家公司就通过网上信访的方式，反映了征收差别化电价导致企业经营困难，当时经信局局长反馈是该企业从 2022 年起被政府认定为 D 类企业，根据相关文件要求，工业企业绩效综合评价为 D 类企业的用电户将会执行差别电价，对第一年被评为 D 类企业的用户，用电价格提高 0.3 元/千瓦·时，对于连续 2 年被评为 D 类企业用户，用电价格提高 0.4 元/千瓦·时。

什么是差别电价呢？根据《浙江省人民政府办公厅转发省物价局等 4 部门关于浙江省差别化电价加价实施意见的通知》(浙政办发〔2013〕2 号)：对电解铝、铁合金、电石、烧碱、黄磷、锌冶炼、水泥、钢铁等 8 个高耗能行业按照国家产业政策的要求，区分淘汰类、限制类、允许和鼓励类企业实行差别电价……对能源消耗超过国家和地方规定的单位产品能耗（电耗）限额标准的产品，实行惩罚性电价……各市政府经省政府授权后可制定标准更高的惩罚性电价加价标准。

这个差别电价代征费从宏观上来讲，是为了抑制高耗能行业盲目发展，促进技术进步和产业结构升级，提高能源利用率。但是站在客户个体角度看，就很容易被客户认为自己被针对了，为什么我要多交这个代征费，为什么其他企业不收这个钱？

县供电公司的分管领导收到客户诉求后也多次协调客户与经信局的沟通，但是客户仍不满意沟通结果，想要取消代征费的收取，并且退还已收取的代征费，因为差别电价代征费的收取也是供电公司根据政府文件执行的，所以供电公司无权取消代征费的收取，导致客户诉求问题一直未解决。

2023 年 6 月 14 日，该公司向县人民法院对县供电公司提起民事诉讼。8 月 18 日上午第一次正式开庭，因为供电公司的证据充分且有正规的政府文件，该公司感觉胜诉无望，又于 8 月 18 日下午拨打 12398 热线继续反映差别化电费征收问题。当然，接到 12398 热线工单后，县供电公司市场营销部主任也在第一时间与客户就工单反映的问题做了细致耐心沟通，最终稳定了客户情绪。

三、改进提升措施建议

在上述案例中我们可以看到，在客户对政府文件不满时，供电公司作出了正确反应。首先，明确责任归属，供电公司只是政府政策的执行部门，无权更改政府决策；其次，积极协调客户对接政府部门，县供电公司分管领导出面，帮助客户建立沟通桥梁，反映诉求；再次，在客户采取进一步法律措施的时候，也使用了正当正规的手段保护自己；最后，市场营销部主任的耐心沟通，也成了降低客户对供电公司不满情绪的灭火器。

案例 2　代理购电未告知

一、案例情景概述

客户："你好,我想问一下我现在的电价怎么贵起来了?之前我申请的时候告诉我是固定的 7 毛钱一度,现在我算了一下有 7 毛 8 了。"

客服专员："好的,请问您的户号是多少?我帮您查一下。"

客户："330××××××××××。"

客服专员："好的,为您查到您本月的代理购电价格是 0.7871 元。您是什么时候装的电表?"

客户："装了有一年多了吧。"

客服专员："是这样的,现在电价每个月都会变的,12 月是 0.7871 元,11 月是 0.8106 元。"

客户："每个月都不一样吗?那为什么跟我说每个月都是一样的?想改就改,都不通知一声的,这不是擅改合同吗?"

客服专员："是这样的,以前电价确实是固定的,但是从 2021 年 12 月开始,每个月电价是不一样的。"

客户："我说最近交的电费怎么这么多。"

客服专员："那您现在的诉求是什么?"

客户："我要求改回原来的价格。再把我之前多交的钱退回来,真的是太过分了,想改就改,我们签合同的时候定死的价格呀,签完合同了还来改。"

客服专员："嗯,我们这边会安排工作人员帮您核实处理这个事情。请问还有什么别的需要帮助吗?"

客户："没有了。"

客服专员："好的，感谢您的来电！"

二、事件情况调查

客户来电后，工作人员立即和客户联系并告知其代理购电的基本情况，供电部门也是根据发展改革委下发的文件要求执行代理购电电价的。但是客户说电价变更都没有通知过他呀，这确实是供电公司的问题，当初代理购电开始实行的时候，因为影响的是全体的工商业用户，电力部门就没有通知到每一户的户主本人，但是有提前登报公告社会。客户说，那也应该要用短信或者电话通知的，不然之前合同签得好好的，价格变了也不告诉他一声，钱还是从客户这里扣除，这不是要流氓吗？供电公司吸取了客户的建议，告诉客户后面供电公司会用电话或短信方式告知涉及电价变更用户。但是这次代理购电是供电公司因发展改革委下发的文件执行的，所以不能为客户变更电价为之前固定的价格，也没有办法退补这期间的电费差额，客户对此很不满意。

客户表面上是对没有办法改为之前的固定价格以及不能退差价不满意，其实溯源的话，客户还是对自己的知情权被侵犯感到不满意。设想一下，假如我们在代理购电实行一开始就和客户说清楚工商业用户的价格不再是跟以前一样的固定价了，发展改革委要求所有工商业用户的用电电价都进入市场，就像在菜场买菜一样，菜价时不时都会变，用户每个月的电价都是根据市场浮动的。这样客户应该也能明白供电公司并不是出尔反尔，签了合同不认账，也不会觉得自己被欺骗而要求改回原价、退差价了。

三、改进提升措施建议

和客户保持良好有效沟通是非常重要的，在业务有变更的时候，特别是涉及客户敏感的电价电费的时候，一定要做好客户告知工作，这不仅能避免一些客户不知情造成的投诉，从根源上说，也能保障每一位客户的知情权，这是一家国企应有的担当。

案例 3　光伏并网未受理

一、案例情景概述

客户："我想问一下，我装了光伏设备为什么不能并网啦？"

客服专员："您好，请问您是申请了光伏并网吗？供电公司不受理吗？"

客户："是的。"

客服专员："请问您是什么时候在哪里申请的呢？"

客户："我去年就买了光伏设备，都已经安装好了，去年的时候去营业厅申请并网，说我不能并网，什么意思啦？我装都装好了，又跟我说不能并网。"

客服专员："好的，那请问工作人员有没有说是什么原因导致不能并网呢？"

客户："说什么我是基建变表后用户，不是一户一表的，那我之前去申请一户一表也说不行，说要统一申请，统一安装，也没说什么时候能安装，凭什么我申请资料都是全的不给我受理，同一个小区的其他用户申请为什么就受理了？现在我要求你们上级领导调查这个供电所有没有违规操作，为什么就不给我受理。"

客服专员："好的，您这个问题我已经记录下来，稍后会有工作人员与您联系，请您保持这个电话畅通。"

二、事件情况调查

工单下发后，工作人员就赶赴现场确认，原来客户所在的地址是拆迁置换分配的宅基地，但是按照《关于进一步明确新建住宅小区受电工程建设有关问题的通知》（浙监能市场〔2020〕14 号）要求，政府组织建设的保障及集中安置小区的受电工程都属于用户工程，也就是说，这个小区需要自行建设好内部配电工程，才能移交供电部门运维，客户才能申请光伏并网。但是，由于该区域管理委员会资金不到位，客户所在小区只有 A 区和 E 区完成了配电工程建设，B 区、C 区和 D 区都还未完成建设，恰巧，客户就在建设未完成的 B 区，还属于基建变供电，电费也还是交给小区的管电人员。

根据浙电营〔2020〕52 号文的规定：没有公共连接点信息，上级变压器是基建临时变，不符合并网要求，所以客户的光伏并网要求未被受理。

1. 浙监能市场〔2020〕14 号 《关于进一步明确新建住宅小区受电工程建设有关问题的通知》：新建居民住宅小区受电工程，包括由房地产开发企业建设的商品住宅小区、政府组织建设的保障及集中安置小区，以及其他依法依规建设的非商品住宅等非供电企业投资建设的受电工程都属于用户工程。

2. 浙电营〔2020〕52 号 国网浙江省电力有限公司关于修订《国网浙江省电力公司分布式光伏发电项目并网服务管理实施细则》规定：没有公共连接点信息，上级变压器是基建临时变，不符合并网要求。

客户作为光伏方面的非专业人士，可能对屋顶光伏上网的相关政策要求了解得不是非常透彻，觉得光伏设备安装好以后就可以上网了，但是申请后却遭到供电公司的拒绝，就认为是供电公司的工作人员故意刁难他，不让他并网。

三、改进提升措施建议

1. 增强现场服务人员的主动服务意识，加强与客户的沟通。客户前往营业厅申请光伏并网的时候，工作人员答复说客户是基建变表后用户，无法申请并网，但是客户对此类专业名词不能理解，工作人员也没有进一步向其解释相关政策文件以及规定，导致客户误解工作人员故意刁难后反映至 95598 热线。电力专业的服务人员，对一些基础性的专业知识潜移默化地认为是常识了，但是对没有专业基础的客户来说，理解会过于困难，所以要时时刻刻站在客户的角度思考问题，用平实易懂的语言与客户解释沟通。

2. 宣传电力产权分界用电知识。见微知著，平时在生活中，很多客户对电力产权分界知识还是不清晰的，这就需要日常要加强对电力产权分界知识的宣传，减少客户盲区，这样能减少因产权问题发生的工单。

3. 督促相关责任部门加快进行配电工程改造。在此次事件中，最重要的还是相关责任部门的配电工程改造进度落后，导致客户无法申请一户一表，也无法进行光伏并网，此时政企联动的重要性就显现出来了，为共同提升客户用电体验，供电部门需要督促相关责任部门加快进行配电工程改造。

案例 4　输配电价通知问题

一、案例情景概述

客户："你好，我是物业公司的电费管理员，我们今天 10 点多收到一份文件，是你们公司的关于国网浙江第三监管周期输配电价事项告知书。我看了看，这个文件是关于这个单一制电价要变成两部制电价，那么我们这个户头是单一制的，这几天刚好要过户，按照文件规定，过户之后我们的电价就变成了两部制电价，6 月 1 日之前过户，还是能享受单一制价格的，但是这个文件我们是 6 月 8 日收到的，如果是 5 月收到呢，我刚好可以去过户。现在过户对我们的影响实在是太大了，我们的要求是能不能让我们马上过户，按照 6 月 1 日之前的电价来执行。"

客服专员："把您的户号给我一下，我先帮您看看，女士。"

客户："好的好的，稍等一下……你记一下，户号是 330××××××××××。"

客服专员："好的，我看了一下，您的这个合同容量是 400 千伏安的，2023 年 6 月 1 日起，用电容量在 315 千伏安及以上的是执行两部制的。"

客户："是的，但是毕竟我们刚刚接到这个文件，如果你们提前把文件发下来的话，我们就可以在 6 月 1 日前都过户过好啦，今天发过来的话，我们过户也来不及了，这对我们来说有点太冤了，所以我们想要你向领导请示一下，能不能让我们马上过户，但是仍旧按照单一制来执行，毕竟我们这幢大楼里面小微企业很多，这样的话对大家的压力太大了。"

客服专员："女士，您的心情我能理解，但是我们是有明确规定的。"

客户："问题是你们的文件太晚到啦！文件我们刚刚收到呀，你们规定是 6 月 1 日之前办理，但是文件是 8 日才收到，那这个对我们来说不是太冤枉了嘛，我们是要被业主骂死的！你应该跟领导汇报的。"

客服专员："因为这个文件在政府网站有公示，也可以通过营业厅、'网上国网'App、95598网站、微信这些渠道获取的。"

客户："我跟您说，你们这个文件是今年刚刚出台的，人家想都想不到过户会涉及电价变化，我怎么会想到去查你们的文件呢？你说是吧？"

客服专员："您先消消气，您保持来电号码畅通，我先给您反馈。"

客户："好的好的，谢谢你啊。"

二、事件情况调查

中心监测到该工单后，下发了地市服务专职进行提醒并抄送省公司营销部电费专职关注此事。该案例涉及的输配电价改革是2023年的变革大事件，让我们先学习输配电价改革的主要知识吧！

根据《国家发展改革委关于第三监管周期省级电网输配电价及有关事项的通知》（发改价格〔2023〕526号）的要求，自2023年6月1日起，执行工商业（或大工业、一般工商业）用电价格的用户，用电容量在100千伏安及以下的执行单一制电价；100千伏安至315千伏安的，可选择执行单一制或两部制电价；315千伏安及以上的执行两部制电价，现执行单一制电价的用户可选择执行单一制电价或两部制电价（见表8-1）。

表8-1 两部制执行表

分类			单一制	两部制
100千伏安及以下			全部	
100~315千伏安			可选	可选
315千伏安及以上	存量	大工业用电		全部
		单一制一般工商业用电	可选	可选
		两部制一般工商业用电		全部
	增量	大工业用电		全部
		一般工商业用电		全部

这位来电客户是一位物业电费管理员，查询其户号用电类别为一般工商业用电，合同容量是400千伏安。就像客户受理时反复说的，如果她在6月1日

之前就办理过户，那么按照文件要求是可以选择执行单一制电价或者两部制电价的，但是如果6月1日之后办理过户，就属于增量的315千伏安及以上一般工商业用电用户，只能执行两部制电价。站在客户角度来看，这是真的非常冤枉，毕竟接到供电公司通知的时候已经是6月8日了，再去办理过户已是无力回天。

这起工单出现的最主要原因是政策执行过程中预留的通知时间不足。5月9日，国家发展改革委下发《国家发展改革委关于第三监管周期省级电网输配电价及有关事项的通知》（发改价格〔2023〕526号）文件，其中相关政策要求6月1日开始执行，客观上留给省级发展改革委与省级供电公司落实政策细节的时间就不多，5月23日浙发改下发《省发展改革委关于转发〈国家发展改革委关于第三监管周期省级电网输配电价及有关事项的通知〉的通知》（浙发改价格〔2023〕139号），最终省供电公司在5月31日下发客户告知书，因为涉及的用户数量过多，经过省发展改革委同意，多日内分批通知。但是因为通知到客户的时间已经过了6月1日，造成客户过户无法选择单一制电价。

针对客户提出的现在办理过户，并且仍以单一制电价计费的需求，供电公司也无能为力，毕竟电价政策是发展改革委制定的，供电公司只是执行部门，并没有更改电价的权力。

三、改进提升措施建议

1. 拓宽宣传渠道。提高信息整理效率，简化信息报送传递流程，采用线上线下多渠道宣传方式。导致这张工单的最主要原因还是通知不及时，首先是政府发文时间与政策执行时间太接近，加上政策的层层审批传递，最后传达到客户处时，政策已经开始实行。政府发文的时间无法管控，所以更需要提升自身的信息整理效率，面对这类紧急文件时，采用线上线下多渠道同步宣传的方式，线上渠道如微信、电话、"网上国网"等，可以更快捷地传递信息给客户，线下渠道因为时效性较差，可以作为线上渠道的补充扩展。

2. 重点政策变更做好主动宣传服务。在上面的案例中，客户还提到一个问题，就是在有政策变化的时候，虽然"网上国网"、政府网站等渠道都有公示，但是普通用户并不会时时浏览网站或关注是否有政策变更，所以重点政策变更时，相关部门应及时做好相关用户的主动通知工作，避免类似事件发生。

案例 5　第三方强拆电表问题

一、案例情景概述

客服专员："请问您需要什么帮助？"

客户："我那天打了一个电话说这里停电。"

客服专员："是现在也停电了吗？"

客户："不是说停电，就是很奇怪的一个问题，我们这里是征迁区域，我没有销户，没有交钥匙，我走了几个小时回来，回来房子被拆了。那我就奇怪他们怎么敢带电操作，然后电表在废墟里，专业的人员看了是有人把电线剪了，但是我又没有办理销户。"

客服专员："不好意思打断您一下，现在需要我帮您做什么，因为房子被拆肯定不是供电公司拆的，您现在需要我帮您做什么？"

客户："我现在是这么想的，昨天上午我被约到工地上看新的宅基地，走的时候我的房子还好好的，水电也还在用，几个小时后回来，房子都没了，我想着他们总不能带电操作吧？我今天想起来不对呀，没销户怎么就没电呢？后来国家电网基层工作人员也来了，我想叫他们查监控的，他们是照他们的意思报了警。"

客服专员："女士，请问您现在的诉求是什么？需要我帮您做什么，电力方面的诉求是什么？"

客户："诉求就是在我没有销户，电还没有停掉的情况下，他们怎么敢来把房子拆掉的，我觉得是国网电网来剪的线。"

客服专员："好的，您把地址报一下。"

163

客户："我是猜测，因为没停电的话他们不敢。"

客服专员："请您报一下地址，女士。"

客户："地址是××××××××××××，我没有销户怎么会没电，他们是非法来拆的，他们肯定要经过国家电网停电才可能操作的。"

客服专员："好的，您的诉求我已经记录下来，我会立刻帮您反映的。"

二、事件情况调查

供电公司工作人员巡视现场的时候，发现用户侧的落火线被剪，张女士房屋被拆，安装在用户侧的计量箱和电表也都消失不见了，台区经理见此立即向公安机关报了警，反映了供电公司产权电表失窃一事（这一点很重要）。根据报案记录，派出所于当日就出具了事件证明。供电公司告知张女士，她的电表不是供电公司剪断拆除的，但是张女士执意认为供电公司在撒谎。

此后，张女士多次拨打95598及12398反映此事，并且投诉是供电公司剪断电表，但由于台区经理在发现电表失窃的第一时间报警立案，有公安部门出具的事件证明可以证明供电公司的清白。

三、改进提升措施建议

对此类非供电公司原因造成客户不认可有升级意向的事件，一定要保留有效证据！在此案例中，台区经理发现电表遗失的第一时间就报了警，公安部门出具的事件证明就成了供电公司保护自己的武器，面对客户升级意向的诉求时，供电公司也可以有力地证明这不是供电公司的责任。服务好每位客户是国家电网的宗旨，但是同时也要保护好员工的合法权益，避免误会发生也是很重要的。

第九章

服务沟通

案例 1　敏感用户需谨慎，保留证据免责任

一、案例情景概述

客户："是这样子的，我今天想去 A 供电所，咨询开闭所是否有备用间隔，负荷还有多少可以用，我们这里想上两台专变，想去咨询。而供电所的那个所长态度极差，真的很差。"

客服专员："等一下，我看看。是今天什么时候发生的事情，大概几点？"

客户："14 时 10 分左右。"

客服专员："稍等，我看了一下，自 2023 年 5 月 20 日起，A 供电营业厅已经撤销了啊。"

客户："我不是找 A 供电营业厅，我是找供电所哎。"

客服专员："哪个供电所的所长。"

客户："A 供电所的所长，姓 Y。"

客服专员："具体的情况请您描述一下。"

客户："我们这边想放两台 800 的箱变，就想问（所长）这个开闭所备用间隔有没有？负荷是不是有得多？我想去咨询一下，了解一下。但所长却一问三不知，而且态度极差。"

客服专员："您说态度极差，具体情况请描述一下。"

客户："他进门就问我'你们干什么，找谁？'，这语气就是极不友好的语气。"

客服专员："那好，我先给您记录反馈一下。"

客户："所以我先打 95598，我本来是想打电话给供电局纪委书记的。他说把书面的东西弄好给他，要投诉。那我说还是打 95598 吧。"

客服专员："情况我反馈一下，请您保持电话畅通。"
客户："好的。"

二、事件情况调查

调看现场监控及与在场人员确认，当天客户于14时到供电所咨询开闭所是否有备用间隔的问题。客户自报家门后，询问所长是否记得他，所长表示不记得了，并询问客户"有什么事"。客户当时就质问"你态度怎么这么差的"，并表述了自己的来意。由于所长当时在陪检，便立即交代工作人员为客户查询，自己则到对面办公室继续陪检。之后一直到客户离开供电所期间，客户与所长再没有交流。

核实后得知，该客户原为本供电公司职工，后因个人问题于2016年离职，对供电公司感官较差、容忍度较低，心存不满，容易误解。且后续联系客户时，客户一直未接电话，未配合调查。

从整个事件来看，所长并未表现出态度不友好、对客户所提问题一问三不知、一进门就询问客户干什么的情况。对自己无法解答的问题也未推诿，而是将客户引导到工作人员处。

从整体来看，所长沟通时仍缺乏技巧，客户进门询问的时候，可以先打招呼"您好，抱歉不太记得了，请问有什么事吗？"对敏感客户感知度不够，当客户对所长态度提出疑问时，应提高警惕，并在接下来的接待中多使用礼貌用语，做好引导，如"抱歉有事需要离开，接下来由我们工作人员×××为您服务"。庆幸的是，对客户的恶意投诉，供电所的应对措施是有效的，能立刻提取当天现场录像，还原现场，还所长清白。

三、改进提升措施建议

1. 保安应加强办公区域对外来人员的管控，对来访客户应明确询问其来访用意，不随意在非办公场所做接待客户咨询、业务办理等事项。

2. 无论是熟人还是陌生人，交谈均应注意客气待人，当客户提出疑问时多用"请问""不好意思"等词语，拒绝客户时要面带微笑温和地说明理由并用"抱歉"等词语打消客户被拒绝的反感情绪。

案例 2　服务言行不当问题

一、案例情景概述

客户："你好，我想问一下，这边换什么采集器不需要通知我们居民吗？"

客服专员："哪个部门给您换采集器呢？"

客户："我不知道他是哪个部门的，他就说是电力公司的。然后他就跑进来，我的表箱门是关着的，他直接把门打开，就说换一个采集器。我问他是哪里的，他就说是电力公司的。我就说你来换采集器，是不是要通知房东或者我本人，怎么能私自进来换呢？"

客服专员："是今天去的吗？"

客户："刚刚过来的，我问他不和房东说一下吗？他说关房东什么事啊！有这样的服务态度吗？这样是合法的吗？"

客服专员："抱歉给您带来不好的体验。这边给您记录反映一下这个问题。那您看到这名工作人员有没有穿相关标志性的服装呀？或者现场有没有什么标识？"

客户："没有呀。就是因为他没有穿工作服，开的车也不是电力公司的。他开一个三轮车过来，我的门是关着的，他打开门进来就把采集器换了。我问他有没有通知房东，或者跟我说一声？你们这样换的是什么东西？他说就换一个采集器，换个采集器还要跟你们说啥！他这样做事合法吗？"

客户："我问他是哪里的，他说是电力公司的。车也不是电力公司的车，服装也没有。"

客服专员："好的，明白您的意思了。这边给您记录反映。"

客户："我的门是关着的，他进来就换，换了就走了。我问他换什么东西，在我电表上搞什么？他就说换个采集器。你们这样子要处理一下，工作服不穿，车也不开，工作证也不出示，直接就这样子换。"

客服专员："给您带来不便了，请您耐心等待，我们会立即反映的。"

客户："好的。我问他至少要通知我房东和跟我说一声，不能私自打开门进来换。他说我跟你说啥啊，换采集器跟你们搭什么噶啊！"

客服专员："您稍等，我们帮您反映这个问题，请保持手机畅通。"

客户："好的。"

二、事件情况调查

核实后得知，5月10日台区经理在该处进行采集异常处理，客户租住处的表计位于院墙内的平房墙上，需要进入院内。台区经理认为自己与户主关系较好，在未告知户主及租客的情况下便自行开了门，被在家的客户碰个正着"你谁啊，干什么的"。台区经理立刻表明身份并解释缘由，客户质问"为什么没有通知房东或者告知我一声"。工作人员认为更换采集器与客户无关，便答复客户"更换采集器是我们电力公司的事情，与你无关"，由于使用方言加上语气较差，使得客户以为台区经理使用不文明用语，引起客户不满。

从整个事件来看，工作人员工作时未正规着装及携带工作证，且未经他人同意随意进出他人家门，给人很随意的感觉。同时像"与你无关""关你房东什么事啊""跟你们搭什么噶啊""换个采集器还要跟你们啥啊"，这类表述极易引起客户反感，从而引发客户投诉。

三、改进提升措施建议

1. 服务过程中重视文明用语的使用，规范员工着装，规范服务行为。不要出现未经户主和租客同意就擅自进入他人院子操作供电设备的情况。

2. 工作过程中，不能想当然地以为"是熟人"就觉得自己有特权，放松了对自己的要求，结果造成对方反感。事实上95598中熟人投诉并不少见。关系再好也要注意公事公办，按规范操作。

案例 3　沟通态度不当问题

一、案例情景概述

客户："你好，我要投诉你们办综合业务的服务员态度很差。"

客服专员："请您描述当时的情况。"

客户："我去查电费余额，她当时态度很差，声音很大。"

客服专员："您去的是哪边的营业厅？"

客户："L供电营业厅、工作人员H、工号9611。"

客服专员："您是什么时候去的？"

客户："今天，5月17日早上9点多钟。"

客服专员："好的，我帮您记录下来，请保持手机畅通。和您确认，您早上9点左右到L营业厅查电费余额，工作人员态度差，声音大。"

客户："是的，好像脸色不好看，很不好看的。"

客服专员："那我帮您反映下，让有关人员去处理。"

客户："好的，可以。"

二、事件情况调查

核实后得知，客户于2023年5月17日上午至L供电营业厅咨询充电桩补贴到账情况，柜台工作人员H在办理其他线上业务，未能及时回应客户，且因说话声音较大，给客户带来不好的感知，认为该名柜台工作人员声音大、脸色不好，从而拨打电话投诉。

从该事件来看，工作人员未及时响应客户诉求，未让客户感到被重视，如工作人员可以先对客户说"请稍等""请先坐会""一会儿为您查询",而且客户交流时未把控好声音语气。

三、改进提升措施建议

1. 接待客户时,尽量在最短的时间内回复客户的咨询或问题。对无法立即解决的问题,要向客户解释明白。

2. 与客户交流时保持友好和善意的语气,管理好自己的面部表情,微笑可以让说话的语气都得到改善,化解大部分客户的情绪。

案例 4　抢修电话语气问题

一、案例情景概述

客服专员:"您好,请问有什么需要帮助?"

客户:"你好,我刚刚打你们电话问停电原因,你们是处理了,来了一个电话,可牛了,我希望以后我们交电费也可以这么牛。我和你学一遍这个人怎么说的。我接通电话,刚说了'喂,你好',他就问'你谁啊?你打电话说停电了是不是',我说'是啊,怎么啦',他说'我们在干活,我们在施工',那我就问他什么时候来,回复'不知道啦',电话就挂了。"

客服专员:"很抱歉女士,现在就为您反映这个情况。"

客户:"我头一次打电力公司电话就碰到这么一个神经病,在那施工的是谁啊,这么牛!"

客服专员:"抱歉女士,如果这样的事情发生在我身上,我也会生气的。所有针对工作人员的问题我已记录下来,会派人调查反馈的。"

客户:"你们爱咋咋地,下次你们打过来我也这个态度。"

客服专员:"我们帮您反映,请您保持手机畅通,谢谢。"

随后客户挂机。

二、事件情况调查

核实后得知,客户报修后,抢修工作人员在故障现场联系了客户,因工作人员平时说话嗓门大,导致客户认为工作人员存在态度问题(表现:询问客户你谁啊,你打电话停电了是不是,我们在施工,后客户询问什么时间来电,工作人员告知不知道，直接把电话挂了），因停电为生产紧急消缺停电，抢修工作人员不知道具体情况，不知道来电时间，故工作人员不知道什么时间来电，且当时停电较多，来电很多，抢修工作人员答复客户后，就接听另外停电客户的电话（挂电话了），现已跟客户致歉，并修复故障送电，解决客户问题。

根据客户描述可知，工作人员缺乏沟通技巧，语气生硬；由于在现场有维修工作，又要回复客户电话，确实分身乏术。

三、改进提升措施建议

1. 及时报备更新停电信息，台区内可短信通知客户抢修进度。

2. 在与用户交流时保持友好和善意的语气，管理好自己的情绪，切勿使用反问语句。

案例 5　催费无技巧问题

一、案例情景概述

客户："你好，请帮我查下在 A 国际公寓收电费的工作人员是你们的临时工还是正式职工？我要投诉这个人，服务态度极差。"

客服专员："请问是什么时候向您收费的？"

客户："就刚给我打电话，我说有事情要忙，今天交。他的态度很恶劣的。我要求电力换掉他，这个电费我就不交，你要停电你就停好了。"

客服专员："您知道他工号吗？"

客户："我只有他手机号 13×××××××××。"

客服专员："就刚才联系您的那个人吗？"

客户："是的，就刚才。我说我爷爷去世了，很忙。他非但没表示理解，还问我今天忙吗？"

客服专员："工作人员态度具体怎么样？"

客户："我说在办丧事，有空了交电费，'你电费为什么不交，你一天都忙吗？'我说是忙，他就说电停掉。欠费停电也可以，但是语气太恶劣了。我说'你怎么这样的'，他还回我'我就是这样的，你怎么了'。"

客服专员："您消消气，请您保持电话畅通，这就为您反映。"

客户："好的，谢谢！"

二、事件情况调查

核实得知，来电客户为租客，1 月 13 日 16 时左右台区经理在催费，在客户表示自己爷爷去世很忙等有空再交电费的情况下，台区经理反问客户难道一天都很忙吗，如果欠费不交就给其停电，使得客户对台区经理以停电威胁客户有异议，认为台区经理语气太差，态度不好。

整个事件中，台区经理缺乏同理心，催费过于机械化，没有在客户表示家有丧事的情况下进行安抚，不妥的言语刺激了客户，激化矛盾。虽然客户确实欠费未交，单位也有电费回收的压力，但也要根据现场情况随时改变催费策略。

三、改进提升措施建议

以人为本，柔性催费。客户如果不是恶意欠费，催费应基于"温馨提醒"的角度，千万不要以"追债"式的方式催费。如果客户已经表示遇到特殊情况，本身情绪不佳，"穷追猛打"肯定造成客户情绪反弹，此时应主动关心客户，如"理解你这几天不容易，这样吧，缴费的事您先放一放，等有空时您通过'网上国网'缴一下，挺方便的。××日后要产生违约金，要不××日前我再电话提醒您一下"。这样既表示了对客户的关心，又站在客户角度表达了及时缴费避免经济损失的想法，能引起客户的好感。只有当客户认可工作人员的态度时才会主动替工作人员考虑，从而尽快交清欠费。

案例 6　赔偿纠纷

一、案例情景概述

客户:"你好,请问高压线下的树被砍伐了,赔偿款找什么部门要?"

客服专员:"是哪个部门砍伐的?"

客户:"是供电公司的。"

客服专员:"是没有赔偿给您吗?"

客户:"说好要赔的,金额都协商好了,但是资料交上去两个多月了,还在走流程,说你们那边不肯赔,要重新做文件,说话态度又很差。"

客服专员:"我帮您反映。"

客户:"不是,这个事几个月了,我为什么要打这个电话,一是加我微信的这个人态度极差,他让我闭嘴,处理问题时,还一天到晚地忽悠我。"

客服专员:"为您反映。"

客户:"要多久?"

客服专员:"我们官方的答复是 5 个工作日。"

客户:"你们又是 5 个工作日,我都不知道怎么说了,是要让我打市长热线吗?处理时间太慢了,这个事情已经几个月了,而且这个人态度太恶劣了,我问什么时候可以好,他说'有很多人在等,你就等不及啊?等不及,那我自己先赔钱给你'。微信上语音和我说的。那我只好等。"

客户:"我们也是单位的,从来没有说一个赔偿款搞这么长时间的,几个月下来得不到赔偿款。一开始说我资料弄错了。现在又说供电公司这边资料要重新搞。哪有这样的事情。"

客服专员:"我们帮您加急。"

客户:"这样吧,你们 24 小时内没人答复我,我就打市长热线。照理说是你们砍的树,应该你们及时处理,几个月了,服务态度还这么差。我们老百姓欠你们电费几分几厘就不行,你们赔偿款就可以拖这么久。总是推说是市局的事情。"

客服专员:"我们马上帮您加急处理。"

二、事件情况调查

核实得知,供电公司清理树障,砍伐了客户家中树木,导致客户有经济损失,已协商好赔偿金额,资料已经提交,几个月后赔偿款还是没有下来,原因是补偿协议版本变更,重新审批流程需要时间,所以赔偿款一直未到账。工作人员在和客户解释时因沟通不到位,客户产生了误会。接到工单后,工作人员向高压班负责人员及时反馈该问题,在客户要求的时限内及时联系客户重新签订了补偿协议,并为客户加急处理,现赔偿款已到账。

来电投诉的原因主要是长时间未支付客户赔偿款,造成客户有投诉倾向,还有向媒体曝光的想法。

三、改进提升措施建议

1. 由于自身原因造成处理时间延期的,工作人员要及时与客户主动沟通解释,做好安抚客户情绪的工作。

2. 钱款等问题都是客户非常在意的事情,在已经拖延赔偿时间的情况下,与客户交流时更应注意保持友好和善意的语气,避免矛盾激化。

案例 7　客户提问随便应付

一、案例情景概述

客户："你好，我要投诉过来装电表的人。"

客服专员："嗯，什么问题？"

客户："就昨天来了一人，一声不吭就把电表拉了，如果家里有用电的，你说安全不安全？"

客服专员："您的意思是没有通知您就停电了是吧？"

客户："是的，停电了我就出来看，我就问'你怎么不通知停电呢'。他说'我们一天换几百个电表，每家都通知啊''这个我们不管的，我只负责换表，你找公司'。态度极其差。"

客服专员与客户确认了地址以及整体情况。

客服专员："好的，请您保持电话畅通，我为您反映。"

客户："好的。"

二、事件情况调查

核实后得知，确实存在工作人员换电表前未通知客户，客户询问时推诿的情况，现已对工作人员进行批评教育。

从该事件来看，在换电表前未确认客户是否在家，是否在用电，这违反了换电表的工作规范；当客户质疑时，未在第一时间向客户致歉，反而质疑客户，客户因此生气致电 95598。

三、改进提升措施建议

1. 规范换表流程，停电前需通知客户（物业）。

2. 遇问题工作人员不要推诿，首先致歉并安抚好客户情绪，降低投诉风险。

案例 8　说话随便问题

一、案例情景概述

客户："你好，我要投诉，投诉的工作人员是 Y 市供电站的。"

客服专员："请您说说具体情况。"

客户："我们那有个电表爆掉了。村里电工说是外网的问题，提供了一个供电站的电话。联系后让我自己这边确定，那边排查，你说我们如果自己能确定故障还要他干吗。工作人员还说是我们自己线路的问题，后来我发火了，工作人员说过来。20 分钟前工作人员就过来了，但是服务态度很差。还恐吓我们，因为用电量太大了，导致电表爆掉，下次就不给我们修理了，下次要收费。据我所知，维修电表在国家电网的服务范围，虽然电表现在修好了，但是工作人员服务态度是有问题的，应该为老百姓解决困难，如果所做工作确实是非职责范围的你可以说明，而且还恐吓我们说以后你打什么电话我都不过来修了，下次还要收费。"

客户："工作人员应该过来检查，才能确定是否是供电公司问题，现在让我们自己排查算怎么回事，我们老百姓如果懂，还需要给你们打电话吗？而且我们村里电工基本判定是外网了，所以才打你们电话。到现场后，另外两位工作人员在干活，他就双手插着口袋说'哎，看，你们这个是用电太多了吧，烧掉了吧，以后要收你们费了'，如果国家有这个条款我们是接受的，而不是你查也不查就信口开河。现在我就要求一个态度、一个道歉。这个事关你们公司的声誉的。"

客服专员："好的，已为您做好记录。"

二、事件情况调查

核实后得知，客户联系村里电工反映停电问题，村里电工让客户拨打供电站工作人员号码反映。工作人员初步判断该问题属于客户内部故障，故该工作人员接听电话的时候就说是客户这边的原因不愿意来。应客户要求，最后工作人员到达现场维修，检查后确认是客户用电量过大导致表计烧坏，抢修人员表示电表烧坏原则上需要客户做赔表处理，工作人员对客户说"下次不来修""下次收费"引起客户不满，投诉工作人员，并要求工作人员致歉，希望工作人员以后增强服务意识。最后根据客户实际用电情况为该户进行了低压居民增容，客户的单相照明表更换为三相照明表计解决用电量大导致表计烧损问题。

三、改进提升措施建议

1. 增强服务意识，注重服务过程中的话术运用，把自己放在服务者的立场，多用文明礼貌用语，提升客户优质服务感知。

2. 明确供电产权，工作人员主动解决问题，不推诿。